인류세 시나리오

BOOK
JOURNALISM

인류세 시나리오

발행일 ; 제1판 제1쇄 2022년 5월 30일
지은이 ; 송은주
발행인·편집인 ; 이연대 에디터 ; 전찬우
디자인 ; 권순문 지원 ; 유지혜 고문 ; 손현우
펴낸곳 ; ㈜스리체어스 _ 서울시 중구 한강대로 416 13층
전화 ; 02 396 6266 팩스 ; 070 8627 6266
이메일 ; hello@bookjournalism.com
홈페이지 ; www.bookjournalism.com
출판등록 ; 2014년 6월 25일 제300 2014 81호
ISBN ; 979 11 91652 57 4 03300

북저널리즘은 환경 피해를 줄이기 위해
폐지를 배합해 만든 재생 용지 그린라이트를 사용합니다.

BOOK
JOURNALISM

인류세 시나리오

송은주

; 이제 인류는 스스로 누구인지, 지구에서의 역할은 무엇인지, 자연과는 어떤 관계인지 탐구하고 재설정해야 한다. 이를 위한 새로운 내러티브가 필요하다. 주변에서 일어나는 사건을 내러티브로 연결하지 못하면 인간은 자신을 둘러싼 주변 세계를 제대로 이해할 수 없다. 인류세의 내러티브는 인류세의 상황을 재현할 뿐 아니라, 이를 해석하는 인식 틀의 역할을 할 것이다.

차례

기후 재앙 시대에 우리에게 미래가 있을까

프롤로그   갈림길에 선 인류

"우리는 인류세人類世, Anthropocene에 살고 있습니다." 네덜란드 대기 화학자이자 1995년 노벨 화학상 수상자인 파울 크뤼천Paul Jozef Crutzen이 2000년 한 학술회의장에서 이같이 선언한 후, 인류세라는 낯선 용어가 이 시대의 새로운 화두가 됐다. 인간이 지구 환경을 바꾸는 지질학적 힘이 된 시대, 이것이 바로 인류세다.

인류세란 대체 어떤 시대이며 우리는 이를 어떤 의미로 받아들여야 할까. 한동안 우리 시대를 정의한 대표적인 명칭은 '정보화 시대'였다. 이 시기를 주도한 4차 산업 혁명은 인공지능, 자동화, 사물 인터넷, 유전 공학 등 화려한 최첨단 기술들을 앞세웠고, 이것들은 인류가 꿈꾸던 모든 것이 현실이 되는 장밋빛 미래를 약속하는 듯했다. 그러나 4차 산업 혁명의 실체에 관한 논쟁이 채 끝나기도 전에, 다른 목소리들이 들려오기 시작한다. 점차 심화하는 지구 온난화, 기후 재앙, 해수면 상승, 생물 다양성 감소, 환경 오염, 물 부족, 자원 고갈 등의 문제들이 낙관적인 미래에 그림자를 드리우고 있다. 이런 불길한 분위기에 정점을 찍은 것이 2020년 초 시작해 2022년 현재까지 아직 완전히 종식되지 않은 코로나19 팬데믹이다. 바이러스라는 미미한 존재 앞에서 인류는 모든 경제, 사회 활동에 큰 타격을 받으면서도 속 시원한 해결책을 내놓지 못하고 무력하기만 했다.

인류세가 어떤 시대인지 이해하려면 우리 삶을 관통하는 이 빛과 어둠, 희망과 절망, 진보와 후퇴라는 상반된 흐름이 실은 하나의 근원에서 나왔고, 깊이 상호 연관되어 있음을 인식해야만 한다. 자연을 유용한 자원으로서 최대한 이용하고, 환경을 인간의 이익을 위해 통제하고 조작하려는 인간의 욕망은 지구 전체의 모습을 지금과 같이 바꾸어 놓았다. 직접적으로든 간접적으로든 이제 지구상에는 인간의 손길이 닿지 않은 곳이 없고, 인간의 힘으로부터 온전히 자유로운 생명이 없다. 인류세를 '자연의 힘에 대한 인간의 승리'로 경축하는 이들도 있지만, 과도하게 커진 인류의 힘과 감당할 수 없는 욕망으로 인해 지구 시스템의 균형이 깨졌다는 어두운 측면도 함께 존재한다.

　　지구는 우리가 머물 유일한 집이지만, 인간만을 위해 존재하는 곳은 아니다. 그런 의미에서 인류세에 들어선 지금, 우리는 갈림길에 서 있다. 금세기 들어 인류는 역사상 그 어느 때보다도 많은 물질적 풍요와 자유를 누리고 있다. 그러나 우리가 마주하는 인류세의 수많은 문제들은 더 많은 기술, 더 진보한 문명으로 해결할 수 있는 문제가 아니다. 오히려 기술과 문명의 고삐 풀린 발전으로부터 비롯된 문제들이다. 인간을 중심에 놓고, 오로지 인간의 필요와 욕구만을 앞세운 문명이 낳은 결과다. 세계의 중심이 인간이라고 너무 오래 믿어온 나

머지 풀과 나무, 하늘과 바다, 흙과 지렁이가 인간을 위해 창조된 것이 아니며, 긴 세월 지구상에서 인간과 무관하게 자기들만의 자리를 갖고 존재해 왔다는 당연한 사실마저도 인류는 잊어버렸다.

인류세에 살고 있다는 주장이 인간의 위대함을 찬양하라는 뜻은 결코 아니지만, 그렇다고 인류의 마지막 시대에 도달했다는 불길한 예언도 아니다. 갈림길에 서서 우리는 지나온 길을 되돌아보고 다시 방향을 잡을 수 있다. 물론 말처럼 쉬운 일은 아니고, 어쩌면 이미 늦었을지도 모른다. 일찍이 우리 자신을 포함해 이렇게 많은 지구상의 다른 생명체들의 운명이 인류의 손에 걸린 적은 없었다. 많은 힘은 그만큼의 책임을 의미한다. 그러나 이러한 인류세의 전개 양상이 전에 겪어보지 못했던 새로운 것이다 보니, 우리의 힘이 미치는 범위와 그 파장, 책임의 무게를 잘 실감하지 못한다. 그래서 인류세의 위기는 보통 과도한 낙관 속에서 과소평가되거나 혹은 지나친 비관과 회의 가운데 외면을 당한다. 결국 인간의 힘으로 해결할 수 있을 테니까 진짜 위기가 아니라고 믿거나, 어차피 인간의 힘으로 해결할 수 없으니 모래 속에 머리를 파묻는 타조처럼 회피한다. 마치 넷플릭스 오리지널 〈돈 룩 업Don't Look up〉에서 과학자들이 지구를 향해 혜성이 날아오고 있다고 아무리 목이 터져라 외쳐도 한사코 하늘로부터 고개를 돌렸던 사람들처럼 말이다. 혜성 이야기에 전혀 관심을 보이지 않는 사람들을 붙잡고 하늘을 좀 올려다보라며 분노를 터뜨리는 대학원생 케이트의 말처럼, 지금은 듣기 싫다고 해도 다른 이야기들에 귀를 기울여야 할 때이다.

인류세에 관해 이야기하는 방법은 여러 가지가 있을 수 있다. 지질학 용어이니만큼 지구 과학 관점에서 접근할 수도 있고, 환경과 떼려야 뗄 수 없는 주제이니 생태학이나 환경 운동과 연관지어서도 이야기할 수 있다. 기후 변화를 해결할 지구 공학적 방법에 관심 있다면 탄소 저감과 같은 기술적 측면에서 볼 수도 있으며, 환경 정책을 다루는 정치학의 관점에서도 할 이야기가 많을 것이다. 최근에는 지속 가능한 발전 또는 탈탄소 경제 등 경제학에서도 점차 중요하게 다루어지고 있다. 다시 말해, 인류세는 우리 삶의 모든 국면을 포괄한다.

그러나 정치, 경제, 사회, 과학 기술의 관점에서만 인류세에 접근하기에는 부족하다. 우리에게는 이러한 인류세의 다양하고 복잡한 국면들을 한데 모으고, 우리가 원하는 미래를 상상할 수 있게 하는 이야기가 필요하다. 직접 관계 맺고 인식할 수 있는 일차원적 현실을 넘어 더 크고 넓은 세상을 인식하도록 하고, 더 추상적인 층위에서 세계를 이해할 수 있도록 돕는 장치가 바로 '이야기'이다. 우리를 둘러싸고 있으나 눈에는 보이지 않는 무수한 힘들, 마치 거미줄처럼 뻗어 있는 수많은 관계로 구성된 이 세상을 우리는 이야기를 통해 상상할 수 있다. 인류세는 전 지구적인 통신 네트워크와 교통망의 확산으로 연결성이 그 어느 때보다도 강화된 시기이다. 인간 이외에도 무수한 생명체들이 우리와 서로 연결되고 운명을 공유하고 있음을 인식하는 것이 인류세 이야기의 출발점이다. 그 출발이 가능할지 여부에 따라 인류세는 기후 변화와 환경 재앙, 대량 멸종으로 이어지는 인류 역사의 마지막 장이 될지, 인간 아닌 것들까지 포함한 모든 존재와의 공존과 공생으로 나아가는 새로운 지구 이야기의 첫 장이 될지 결정될 것이다.

1 인류세는 인간의 시대인가

겨울답지 않게 따스한 날씨가 며칠간 지속된다 싶으면, 지구 온난화가 심각하다는 과학자들의 말이 맞느냐고 의심 섞인 농담을 주고받던 때가 있었다. 그러나 요즘 들어 지구촌 곳곳에서 하루가 멀다 하고 들려오는 불길한 소식들은 지구 온난화로 인한 기후 변화가 더는 부정하기 힘든 사실일 뿐만 아니라, 실제로 우리의 일상까지 변화시키고 있음을 보여 준다. 2020년 여름, 미국 캘리포니아에서 역사상 최고를 기록했다는 이상 기온으로 발생한 산불은 수십 명의 사망자를 내고 한국 면적의 20퍼센트에 해당하는 땅을 불태웠다. 불길로 주변 하늘과 강물이 온통 시뻘개진 금문교 사진은 그야말로 영화 속에서나 보았던 지구 종말의 광경이었다. 이듬해 터키와 그리스 또한 대규모의 산불로 막대한 피해를 입었다. 남의 나라 이야기까지 갈 것도 없이 우리나라도 강원도의 대규모 산불 소식이 전에 없이 자주 뉴스를 탔다.

2021년 독일과 중국의 기록적인 폭우가 남긴 피해도 만만치 않았다. 독일에 내린 비는 100년 만의 폭우였고, 중국 허난성에 쏟아진 비는 1000년 만에 내린 양이었다. 그보다 앞선 2019년, 이탈리아 베네치아는 폭우로 도시의 85퍼센트가 물에 잠기는 피해를 입었고, 산 마르코 광장에서 수영하는 관광객이 화제가 되기도 했다. 이제 100년, 1000년 만의 기록이라는 호들갑에도 별 감흥이 느껴지지 않을 정도로 전 세계의 이상 기후는 나날이 기록을 갱신하고 있다.

전례 없는 대규모 기후 재앙에 겹쳐, 여전히 종식되지 않은 코로나19 바이러스 또한 과학 기술이 발전할수록 우리는 더 풍요롭고 행복해질 거라는 오랜 낙관적 믿음을 뒤흔든다. 코로나19와 기후 재앙은 우리의 기존 상식을 뛰어넘는 전례 없는 재앙이라는 점에서 비슷하다. 두 사태는 우리가 살아가는 세상에 정체는 확실히 알 수 없지만 무언가 근본적인 변화가 일어나고 있다는 불안한 예감을 들쑤신다.

끝날 듯 끝나지 않는 코로나19 사태 속에서 포스트 코로나 시대를 놓고 무수한 예측들이 쏟아지고 있지만, 적어도 모두가 동의하는 한 가지 사실은 그 시대가 결코 코로나19 이전과 똑같지는 않으리라는 것이다. 이전까지는 4차 산업혁명으로 인류가 물질과 신체의 구속을 벗어나 '호모 데우스(Homo Deus·신이 된 인간)'[1]로 살아갈 '멋진 신세계'를 꿈꿀 수 있었다면, 이제 코로나19라는 긴 터널 끝에서 우리를 기다리고 있을 세상이 과연 어떤 모습일지 마냥 희망과 낙관에 부풀기는 어려워졌다. 철학자 로지 브라이도티Rosi Braidotti의 말대로, 우리는 4차 산업혁명과 여섯 번째 대멸종[2]의 갈림길 위에 서 있다.

인류가 들어선 낯선 시대

인류세라는 단어는 지금 우리가 살고 있는 시대가 근본적으로 변화했으므로 새로운 시대 구분이 필요하다고 주장하는 학자들이 제시한 지질학적 용어다. 현시대는 지질학적으로 약 1만 2000년 전 시작된 '홀로세Holocene'다. 홀로세는 마지막 빙하기가 끝나고 다음 빙하기가 시작되기 이전까지의 간빙기間氷期로, 홀로세의 지구는 비교적 안정된 기후를 유지해 왔다. 그 덕분에 인류를 비롯한 포유류가 지구상에 번성하고, 인류는 농경을 시작하며 문명을 발전시킬 수 있었다. 즉, 홀로세의 온화한 기후는 인류의 생존과 번영에 중요한 역할을 했다. 그런데 인류세라는 새로운 시대 구분은 이처럼 인류에게 우호적이었던 지구 환경에 큰 변화가 일어났음을 의미한다. 그것도 혜성의 충돌이나 지구 축 이동과 같이 불가항력적인 자연의 변화 때문이 아니라 인간의 힘에 의해서.

최근 미디어에서 환경 문제를 거론할 때 인류세가 자주 언급되고는 있지만, 여전히 많은 사람들에게 낯설기만 하다. 인류세라는 용어는 1980년대에 지구과학자 유진 스토머Eugene Stormer가 처음으로 제안했지만, 당시에는 큰 반향을 얻지 못했다. 빛을 보지 못하고 사라지는 듯했던 인류세라는 말은 프롤로그에 언급했듯, 2000년 지구 시스템 과학 연례 학술 대회에서 파울 크뤼천의 선언 이후 비로소 언론과 대중의 주목을 받는, 소위 핫 키워드로 떠올랐다. 인류세라는 이름은 언뜻 보면 오해를 불러일으키기에 딱 좋다. 지질학적 시대 명칭에 인류가 들어간다니, 이거야말로 지금 우리가 살아가는 시대가 인류가 주인공이 된, 인류의 시대라는 공식적인 인정이라고 여길 수도 있을 것이다. 마냥 터무니없는 얘기도 아닌 것이, 실제로 인류세를 이러한 긍정적인 의미로 해석하며 '선한 인류세'를 주장하는 학자들도 있다. 인류가 과학 기술과 문명의 발전으로 얻은 엄청난 힘으로 인간은 물론, 지구상의 다른 모든 피조물들을 이롭게 할 수 있다는 것이다. 2015년 발행된 《이코노미스트》의 인류세 관련 특집 기사 제목은 "인류세에 오신 것을 환영합니다(Welcome to the Anthropocene)"였다. 그러나 지금 우리 시대를 홀로세 대신 인류세로 바꿔 불러야 한다고 처음 주장한 이들의 의도는 명실상부하게 지구의 주인이 된 인류의 승리를 축하하자는 뜻이 결코 아니었다. 오히려 지구도 감당할 수 없을 만큼 커져 버린 인류의 힘에 대한 경고에 더 가까웠다.

다시 말해 인류세란 인간이 지구 역사와 환경을 바꾸어 놓을 수 있을 정도로 강력한 지질학적 힘이 되었음을 의미한다. 우리 주변의 환경이 얼마나 인간을 중심에 놓고 인간의 필요와 욕구에 맞게 변형됐는지 생각해 본다면 이것이 어떤 의미인지 이해할 수 있을 것이다. 서울과 같은 대도시는 말할 것도 없고, 전 세계 어디를 찾아봐도 인간의 손이 닿지 않은 야생 그대로의 자연은 거의 남아 있지 않다. 우리나라야 작은 땅덩어리에 인구 밀도가 높아 그렇다 쳐도 아프리카나 중국 오지에 가면 인적없는 태곳적 모습 그대로의 땅이 널려있다고 할지도 모른다. 허나 실은 그런 오지들조차도 대부분은 간접적으로나마 이미 인간의 영향을 받아 변형된 상태이다. 예를 들어, 중국 내몽골의 드넓은 사막은 자연적 요인으로만 형성되지 않았다. 산업화가 급속히 이루어지면서 무분별한 용수 개발과 벌목이 해마다 사막의 면적을 점점 더 늘린 결과다. 지구 온난화로 인해 얼음이 녹고 수목이 우거진 알래스카의 모습을 TV에서 한 번쯤은 보았을 것이다. 2002년 생태학자 에릭 샌더슨Eric W. Sanderson은 연구를 통해 인간에 의해 변한 생태계가 지구 육지의 80퍼센트를 초과한다고 밝혔다. 직접적으로 개발하지 않았더라도, 인간의 활동은 어떤 식으로든 지구 표면의 모습을 바꾸어 놓았다.

지구 표면의 모습만이 아니다. 그 위에 무엇이 살고 있는지도 과거와 크게 달라졌다. 가장 대표적인 증거가 닭이다. 머나먼 미래에 인류가 사라진 지구를 외계인이 방문한다면 지구의 주인이 인간이 아니라 닭인 줄 알 거라는 얘기는 농담이 아니다. 가장 값싼 단백질 공급원으로서 닭은 한 해에만 500~600억 마리가 소비된다. 닭의 총 중량이 다른 모든 조류를 합한 것보다도 더 많은 수준이다. 닭에만 국한된 이야기가 아니다. 전 세계 포유동물 중 인간이 36퍼센트, 인간이 기르는 가축이 60퍼센트, 야생 동물은 고작 4퍼센트를 차지한다. 인간은 인간에게 도움 되지 않는 지상 동물을 거의 남겨 놓지 않았다. 그 결과, 종種 다양성의 급격한 감소는 인류세의 주된 특징 중 하나가 되었다. 현재 종 다양성의 손실 비율은 6500만 년 전 공룡이 멸종되었던 사건의 수준과 비슷하다는 점에서 인류가 '여섯 번째 대멸종'을 눈앞에 두고 있다는 주장도 나온다. 미국 듀크대학교 보전생태학과 스튜어트 핌Stuart Pimm 교수와 고생물학자 토니 버노스키Tony Barnosky는 연간 100만 종당 멸종하는 종의 과거와 현재 추정치를 비교하는 연구를 진행했는데, 그 결과 척추동물의 멸종률은 기본 멸종률보다 적어도 10배, 많으면 1000배까지 높게 나타났다.

지금 우리가 살고 있는 시대를 인류세라고 주장하는 주된 근거로는 앞서 말한 지표면 형태의 변화와 종 다양성 감소 외에, 기후 변화가 대표적이다. 1980년대부터 과학자들은 온실가스가 지구의 온도를 높이고 있음을 발견했고, 세계 각국은 2001년 기후 변화 정부간 패널Intergovernmental Panel on Climate Change · IPCC에서 "인류 문명이 심각한 지구 온난화의 효과에 직면했다"는 데 합의했다.

그러나 인류세라는 명칭은 여전히 지질학계에서 공식

인정받지 않았으며, 그 개념과 개시 시점, 정확한 정의를 놓고서도 의견이 분분하다. 지질학자와 층서학자들을 중심으로 인류세 워킹 그룹Anthropocene Working Group · AWG이 조직되어 정말로 새로운 지질학적 시대에 들어섰는지 판정할 지질학적 근거를 조사하는 중이다. 인류세를 인정한다면 언제부터 인류세가 시작되었다고 보아야 할지도 논란거리이다. 크뤼천은 18세기 후반의 증기 기관 발명과 산업혁명으로 화석 연료의 사용량이 급격히 늘어난 시점을 인류세의 시작으로 보아야 한다고 주장했다. 이때부터 대기 중 탄소 비율이 크게 증가하고 지구 기온이 올라갔다는 것이다. 하지만 고생물학자 윌리엄 F. 러디먼William F. Ruddiman을 비롯한 다수 학자들은 이보다 훨씬 더 이전인 7000~8000년 전 인류가 농경을 시작했던 시점을 인류세의 시작이라고 주장한다. 이때부터 숲에 불을 질러 농지로 바꾸고 가축을 키우면서 지표면의 모습과 대기 구성에 변화를 일으켰다는 주장이다. 지질학자들의 관점은 좀 다르다. 이들은 좀 더 확실하고 분명한, 지층에 영구적으로 남은 변화의 흔적을 찾는다. 1950년대 냉전 시대에 행해진 핵실험이 그런 지질학적 근거를 제공한다. 더 정확히는 1945년 트리니티 실험[3]을 기점으로 지구 표면에 방사성 핵종이 확산되었다. 앞의 두 부류 학자들이 지구 시스템 전반에 일어난 변화를 고려한다면, 지질학자와 층서학자들은 지층에서 인간의 영향이 남긴 흔적을 탐지해 내고자 하는 더 협소한 관점을 고수하는 셈이다.

인류세의 그 '인류'가 과연 누구냐는 것도 문제다. 화석 연료를 마구 불태워 엄청난 이산화 탄소를 대기 중에 배출하고, 열대 우림을 마구잡이로 벌목하고 개간한 사람들과, 조상 대대로 평화롭게 수렵과 채집으로 살아가다가 하루아침에 식민 지배자들에게 삶의 터전을 잃고 쫓겨난 사람들을 같은 '인류'의 이름 아래 묶어도 될까? 문명의 혜택을 실컷 누린 선진국 국민들과, 경제 발전의 과실果實은 맛도 못 보고 희생만 한 제3 세계 사람들에게 기후 변화와 환경 파괴의 책임을 '인류'의 이름으로 똑같이 물을 수 있을까? 이것은 기후 변화를 막을 대책을 찾으려는 국제적 협력에서도 늘 걸림돌이 되는 심각한 문제이다. 이제 좀 살아보겠다는 인도, 중국 등 제3 세계 국가들은 억울하다. 그러나 이들에게 책임을 면제해 주기엔 현재 상황이 너무 심각한 것도 사실이다.

인류세 문제를 과학을 넘어 사회 과학의 영역에서 처음 제기한 역사학자는 디페쉬 차크라바티Dipesh Chakrabarty다. 하나의 집단으로 묶기에 인종, 민족, 성 등 인류 안에서도 너무나 다양한 집단들이 섞여 있다는 주장도 존재하지만, 그럼에도 그는 인류를 하나의 '종'으로 사고해야 한다고 말한다. 우리가 왜 선진국들이 저질러 놓은 죄에 연대 책임을 져야 하느냐는 제3 세계의 볼멘소리를 무시할 순 없으나, 그보다는 지금 이 위기 앞에서 인류가 공동의 운명으로 묶여 있다는 사실을 인정해야 한다는 것이다. 또 이미 인도와 중국의 탄소 배출량은 선진국 수준을 넘어섰다. 차크라바티는 인류세의 문제들을 보는 시각을 더 넓히고, 더 긴 시간 개념을 토대로 바라봐야 한다고 주장한다. 기후 변화를 가져온 데는 자본주의의 에너지 소비 모델 탓이 크지만, 사회주의 국가들도 탄소 배출 문제 등에 무관심했던 역사를 생각하면 현재의 위기는 자본주의나 국가주의, 사회주의 그 어떤 것과도 본질적으로는 관계가 없다는 것이다.

새로운 지질학적 세기의 도래를 인정한다면 그 이름으로 가장 유력한 후보는 물론 인류세이지만, 이것 또한 모두의 동의를 얻지는 못했다. 페미니즘 이론가 에일린 크리스트Eileen Crist는 인류세라는 이름 자체가 인간이 지배하는 시대를 인정하는 셈이며, 자연에 대한 인간의 소유권과 파괴를 정당화할 수 있다고 우려한다. 차크라바티가 말하는 인류세가 여전히 불공평하며 현실을 올바로 반영하지도 않는다고 생각하는 사람들은 이보다 더 적절한 대안을 찾는다. 환경사학자 제이슨 무어Jason Moore가 주장한 '자본세Capitolocene'는 기후 변화와 환경 파괴를 초래하고 그 영향을 증폭한 원인을 '자본'으로 적시한다. 자본주의의 발전은 세계화와 뗄 수 없이 연관돼 있으며,

이는 크뤼천이 강조하는 영국 산업 혁명보다 더 긴 역사를 갖고 있다. 무어는 산업 혁명 시대에 증기 에너지에 투자할 수 있었던 것은 15세기 아메리카 대륙 발견과 식민화를 통해 대륙 간 노예 무역이 이뤄지며 값싼 노동력을 이용할 수 있었기 때문이라고 주장한다. 그에 따르면 콜럼버스의 아메리카 대륙 발견은 전례 없는 지구적 사회 변화와 환경의 변화를 촉발했으며, 이를 계기로 인간 사회는 사회적, 물질적, 생물학적 교환이 이루어지는 최초의 글로벌 체계로 통합됐다. 인류세와 자본세 외에도 대농장세Platationocene, 반인간세Anti-Anthropocene, 동질세Homogenocene 등 여러 이름들이 제안됐다.

이처럼 인류세의 정의를 두고 다양한 의견들이 존재하며, 저마다 나름대로 그럴 듯한 이유를 내세우고 있다는 것은 역설적으로 인류세라는 새로운 시대가 결코 하나의 단어, 몇 줄의 설명으로 명쾌하게 정의될 수 없는 복잡하고 복합적인 성격을 띠고 있음을 보여 준다.

인류세 무대에 등장한 비인간

오랫동안 우리는 인간 사회와 자연을 서로 분리된 영역으로 생각해 왔으며, 두 영역은 각기 다른 법칙에 따라 움직인다고 믿었다. 그러나 인간의 영향력에 의해 자연이 변형된 인류세에는 이러한 오랜 믿음이 힘을 잃는다. 차크라바티는 인류세의 기후 변화가 "인간 역사와 자연사 간 벽에 균열이 간 시점을 보여 준다"고 말했다. 예를 들어 2003년 수단에서 발생해 30만 명 넘는 희생자를 낳은 다르푸르 분쟁⁴은 사회와 자연을 분리해서 보는 전통적인 시각으로 보자면, 수단 정부의 아랍화 정책에 불만을 품은 비아랍인들의 정치적 분쟁이다. 그러나 그 사태의 배경을 더 깊이 파고 들어가 보면 식수원이 고갈되고 농경지가 감소한 생태계의 변화가 민족 간 분쟁이라는 사회적 갈등 요소를 증폭시켰다. 이러한 환경의 변화는 단순한 자연 현상이 아니라 인간이 일으킨 기후 변화에 기인한다. 인류세에 들어 인간과 사회의 관계는 꼬리에 꼬리를 물듯 점점 더 복잡하게 얽혀가고 뒤섞이고 있다. 그렇기에 이제 인류세에는 인간의 역사와 자연의 역사가 융합된 '지구사geo-history'가 쓰이게 된다. 분쟁의 원인을 단지 사회적, 정치적, 혹은 역사적 요인과 같은 인간의 영역에서만 찾으려 한다면 인류세의 이러한 복합적인 성격을 이해하지 못할 것이다.

인류세에 인간과 자연의 영역 구분이 흐려졌다는 말은 자연이 이제 인간의 통제력을 벗어났다는 의미이기도 하다. 자연이 인간의 영역 바깥에 존재한다고 믿었던 시절에는 돌, 물, 바람, 흙과 같은 것들은 무기력한 물질에 불과했다. 그것들은 인간이 필요한 대로 활용할 수 있는 자원이거나, 아니면 인간이 주인공으로서 역사를 만들어 가는 배경일 뿐이었다.

근대 이전에는 이러한 자연 요소들에도 생명의 힘이 깃들어 있다고 믿었던 때가 있었다. 어쩔 수 없이 나무를 베거나 땅을 파헤쳐야 할 때는 나무의 정령이나 흙의 정령에게 제를 올려 허락을 구했다. 서구의 근대 과학은 이러한 태도를 비과학적인 미신일 뿐이라고 조롱했지만, 인류세에는 근대 과학의 난폭한 힘에 짓눌려 침묵하던 자연이 되살아나 역으로 인간을 압도하는 무시무시한 힘으로 우리를 덮쳐 온다.

늘 똑같은 모습으로 고요히 흐르거나, 댐과 같은 인간의 기술로 다스릴 수 있을 줄 알았던 강이 어느 날 갑자기 무섭게 불어나 마치 살아 있는 거대한 뱀이 요동치듯 삶의 터전을 모두 삼켜 버린다면, 그래도 여전히 강이 인간의 의지대로 이용 가능한 죽은 자원이라고 단언할 수 있을까? 2019년 9월에 시작한 호주 산불은 거의 반년이 지난 2020년 2월에야 진화됐다. 지구 온난화로 해수면 기온이 올라가고 강수량이 줄어들면서 하늘을 시뻘겋게 물들인 무시무시한 화염 앞에서 인간이 할 수 있는 일은 별로 없었다. 프랑스의 과학철학자 브뤼노 라투르Bruno Latour는 인류세에 와서 "인간의 역사는 얼어붙고 자연의 역사는 미친 듯이 움직인다"고 말하기도 했다.

이같은 모습에서 알 수 있듯, 인류세는 인류가 역사의 전면에 나서는 유일한 주인공이라는 의미가 아니다. 오히려 정반대로 이전에는 눈에 띄지 않고 배경에 죽은 듯 숨어 있던 비인간들이 그 존재를 드러내면서 우리 삶과 세계 전반에 더 큰 영향력을 행사하게 된다고 이해해야 한다. 인류세에 인간이 환경에 미치는 힘은 커졌지만, 동시에 인간의 힘이 지구 환경의 모든 요소들과 연결되고 영향을 주고받게 되면서 인간은 한편으로 한없이 무력하고 취약한 존재가 됐다. 어떤 행동을 할 수 있는 능력을 뜻하는 '행위성'은 이전까지 오로지 인간만의 것이라 여겨졌지만, 이제는 비인간들도 비록 작을지라도 행위성을 갖고 있다는 사실을 알게 되었다. 우리의 행위성은 비인간들의 행위성에 의해 제한된다. 라투르는 도로의 과속 방지 턱을 대표적인 예로 제시한다. 과속 방지 표지판 따위는 가볍게 무시하는 폭주족이라도 방지 턱 앞에서는 속도를 줄일 수밖에 없다. 과속 방지 턱은 우리가 마음대로 행동할 수 없게 만든다는 점에서 우리의 행위성에 제한을 가하는 행위자 역할을 한다. 정치생태학자 제인 베넷Jane Bennett은 이를 '분산된 행위성distributed agency'이라고 표현한다. 우리 삶에서 기술적 도구들로 연결성이 강화되면서 인간과 비인간 행위자들을 포함하는 네트워크는 점점 더 커지고, 비인간 행위자들에게도 행위성이 분산된다. 인간은 네트워크와 비인간 행위자에 더 많이 의존하고, 그만큼 더 많은 제약을 받게 된다. 코로나19 바이러스 때문에 직장도 학교도 갈 수 없었던 지난 2년을 생각해 보자. 우리가 아무리 외부 활동을 하겠다는 의지가 충만해도 바이러스라는 비인간 행위자는 우리의 행동을 제약한다. 그리고 뒷장에서 자세히 설명하겠지만, 한갓 미물로만 여겨졌던 바이러스가 우리에게 이런 막강한 힘을 휘두르게 된 것도 인류세의 변화들 탓이다.

인류세 장애와 지구에 묶인 자들

하루가 멀다 하고 쏟아지는 기후 재앙 뉴스들을 보노라면 인류세가 인류의 마지막 시대가 되는 건 아닌가 등골이 오싹해진다. 나이 어린 학생들과 젊은 세대에게는 이러한 위기감이 더 날카롭게 닿아 온다. 이러한 상황을 조금이라도 바꿔보려고 적극적으로 행동에 나서는 젊은 세대의 대표 주자가 스웨덴의 10대 환경 운동가 그레타 툰베리Greta Thunberg다. 툰베리는 우리가 지금 비상 상황에 처해 있으며, 그에 맞는 행동을 해야 한다고 주장하며 2018년 학교에 가는 대신 의회 앞에서 기후 변화 대책을 요구하는 '기후를 위한 등교 거부' 1인 시위를 시작했다. 지금 집이 불타고 있는데 학교에 앉아 있을 때가 아니라는 것이다. 이는 다른 10대들의 동조를 얻어 '미래를 위한 금요일Fridays for Future · FFF' 집회로 확산했다.

툰베리의 목소리는 현재 상황의 위급성을 알리려는 듯 절박하다. 그러나 안타깝게도 그의 목소리에 호응해 행동에 나서는 이들은 그리 많지 않아 보인다. 전 국토가 불바다가 되고 수도가 가라앉으며 빙하까지 녹아내리는 유례없는 위기들에 비해, 사람들의 구체적인 움직임은 놀라울 정도로 미미한 편이다. 환경 파괴의 대가를 치르는 건 다음 세대이지만, 지금 환경 정책을 바꿀 힘을 쥐고 있는 건 나이 든 기성세대인 탓도 있을 것이다. 그러다 보니 기후 변화를 막으려는 노력의 성과는 시원치 않다. 기후 변화 대응은 특정 국가나 몇몇 지도자들의 인식 변화로 해결할 수 있는 것이 아닌데도, 기후 변화를 현실로 받아들이지 않고 부정하거나 사실로 인정한다 해도 당장 나의 문제로 인지하지는 못하는 경우가 비일비재하다. 우리 일상과는 관계없는 너무 거창한 이야기이거나, 나와 무관한 먼 곳에서 벌어지는 일이라고 생각한다. 빙하가 녹아 삶의 터전을 잃은 북극곰이 나오는 환경 단체의 공익 광고는 귀여운 북극곰에 대한 동정심을 자극할지 몰라도 우리 신세가 북극곰과 크게 다르지 않다는 현실은 잊게 만든다. 일각에서는 인간이 환경을 망쳐 놓았으니 멸종될 운명을 피할 수 없고, 그래도 마땅하다는 냉소적인 반응도 있다. 심지어 인간이 지구의 암적 존재가 되었으니 다른 생명체들을 위해서는 인간이 사라져 주는 편이 낫다는 극단적인 주장까지 나온다.

　　인류세가 인류의 종말을 목도하는 시대가 될지도 모른다는 섬뜩한 경고들이 이어지는데도 왜 우리는 툰베리가 호소하듯 구체적인 행동에 나서지는 않을까? 여러 이유가 복잡하게 얽혀 있겠지만 일단 기후 변화, 종 다양성 감소, 해수면 상승 등 인류세 위기들의 규모가 인간의 지각 범위를 훨씬 뛰어넘기 때문에 인식하거나 실감하기 어렵다는 문제가 있다. 대기 구성의 변화는 산업 혁명을 기점으로 수백 년, 농경 시작을 기점으로는 수천 년에 걸쳐 인간 활동이 누적된 결과다. 길어야 100년을 사는 인간의 감각으로는 그 시작과 끝을 가늠하기 어렵다. 지구 기온 상승이 심각한 문제라고 말하면서도 다들 막연히 내가 죽고 난 뒤의 먼 미래에나 닥칠 일이려니 생각한다.

게다가 우리 몸속에 쌓이는 미세 플라스틱, 방사능, 화학 물질 등은 현미경이 아니면 보이지도 않으며, 몸속에 들어온다고 해서 당장 어떤 반응을 일으키는 것도 아니다. 그러한 오염 물질들이 우리 환경 전반에 넓게 퍼져 있고 우리 건강에 치명적인 결과를 가져온다 해도 과학적 실험과 조사를 거치지 않으면 그 존재를 인식하기 어렵다. 이렇듯 우리 눈에 당장 보이는 것과 실제로 일어나고 있는 일들 사이에는 큰 인지적 부조화가 있다. 문학 평론가 티머시 클라크Timothy Clark은 이 괴리를 '인류세 장애Anthropocene disorder'라 부른다. 방사능, 오염 물질과 같이 치명적이지만 눈에 보이지 않는 위험은 근대 이후 과학 기술의 발전으로 등장한 새로운 위험들의 특성이며, 인류세의 위험이 갖는 특성이기도 하다. 문학 이론가 티머시 모턴Timothy Morton은 이러한 방사선, 탄화수소처럼 인간의 시공간상에 대규모로 분포한 것들에 '초과물hyperobject'이라는 이름을 붙였다. 초과물의 여러 특성 중 하나는 우리에게 찰싹 달라붙거나 우리 몸속으로 침투해 뒤섞이는 점착성이다. 지구온난화로 인해 강렬해진 햇빛은 발진이나 화상, 암의 형태로 드러나고 비스페놀 A, 방사선, 수은水銀은 보이지 않게 우리 몸속을 흘러 다닌다. 모턴은 이렇게 말한다. "초과물을 이해하려 애쓰면 애쓸수록, 우리가 그것들에 달라붙어 있음을 발견하게 된다. 초과물들은 나를 온통 뒤덮고 있다. 초과물이 곧 나 자신이다."

'초과물이 곧 나'라는 말은 나와 다른 존재들을 명확히 구분하는 선을 긋는 게 불가능하다는 걸 시사한다. 내가 버린 플라스틱이 돌고 돌아 내 몸의 일부가 되듯이, 나의 운명은 다른 모든 존재들과 공동의 운명으로 얽혀 있다. 일론 머스크가 화성 개발 계획을 추진한다지만, 모두가 우주선을 타고 화성으로 이주할 수는 없다. 인류세에 나 혼자만의 안전지대는 어디에도 존재하지 않는다. 나의 몸이 외부로부터 단단히 밀봉돼 있고 독립적으로 존재한다는 믿음은 코로나19 판데믹을 겪으면서 이미 깨졌다. 마스크를 쓰고 백신을 맞는 것은 나의 건강을 위해서이지만, 동시에 다른 이들을 위해서이기도 하다. 라투르는 코로나19가 우리에게 준 깨달음은 우리가 탈출

할 수 있는 '거대한 외부Great Outside'란 어디에도 없고, 우리는 이 사태 이전부터 이미 지구에 격리된 상태였다는 것이라고 말한다. 오랫동안 지구 행성의 이미지는 아폴로 17호가 우주에서 찍은 푸른 구슬The Blue Marble이었다. 그러나 우리는 신처럼 지구 바깥의 초월적인 자리에서 지구를 조망할 수 없다. 우리는 땅 위에서, 대기 속에서, 모든 생명체와 비생명체들과 함께 뒤엉켜, 라투르의 표현처럼 '지구에 묶인 자Earthbound'로 존재한다.

인류세를 위한 상상력

인간과 비인간의 운명을 공동의 것으로 상상한다는 것은 인류세 이전에는 해본 적 없는 경험이다. 오롯이 혼자서, 나의 의지로 내 운명을 결정할 수 있다는 서구 근대 개인주의의 신화는 깨졌다. 낯설더라도 우리는 이제 수천 킬로미터 밖 북극곰의 운명이 나의 운명과 연결되어 있으며, 수천 년 전 농사를 지으려고 밀림을 불태운 행위의 결과가 지금 내 삶에 영향을 미치고 있음을 인식해야 한다. 물론 과학적이고 객관적인 수치 자료들을 보아도 이렇게 멀리 떨어진 세계와 긴 시간대는 여전히 마음에 잘 닿지 않는다. 앞서 살펴 보았듯 기후 변화의 복잡성 때문에 인간의 행동과 전체 지구 환경 사이에서 어떤 피드백이 일어나는지 정확히 예측하기 어렵고, 이러한 불확실성은 인류세의 위기들로부터 나의 책임을 면제할 구실이 된다. 그렇기에 인류세를 살아가기 위해서는 과학 기술만으로는 부족하다. 지금 필요한 건 상상력이다.

우리가 인류세의 위기를 아무리 뉴스에서 접해도 내 일로 받아들이기 어려워하는 이유 중 하나가 바로 상상력의 부재다. 인도 소설가 아미타브 고시Amitav Gosh는 "인류세의 위기는 곧 문화의 위기이며, 문화의 위기는 곧 상상력의 위기"라고 말한다. 나와 다른 남의 처지를 내 처지로 상상해 볼 수 있는 능력이 없다면 공감 능력도 발휘되기 어렵다. 그는 "우리가 기후 변화를 상상할 수 있다면, 기후 변화를 더 잘 다룰 수 있을 것"이라고 말했다. 숫자로, 과학적 사실들만으로 인류세를 이해하는 데에는 한계가 있다. 인류세의 현실을 가리키는 사실들은 단순한 경험적 관찰이 아니라 엄청난 데이터와 계산을 통해서 산출된다. 과학적 관찰과 모델링을 통해 1990년대 이후 기후 변화의 현실에 대한 명확한 동의가 이루어졌다. 그러나 문제는 이러한 과학적 동의를 어떻게 새로운 이름으로 번역할 것인가이다. 이 번역의 문제가 중요한 이유는 인류세의 문제들이 우리가 머리로 이해하고 파악하는 데에서 끝나는 것이 아니라, 인류세에 걸맞는 행동을 요구하기 때문이다. 머리로는 알아도 가슴이 움직이지 않는데 행동이 나올 리 없다. 더군다나 그 행동은 우리가 상당한 희생을 감수하도록 요구할지도 모른다.

　우리가 인류세의 위기를 알아도 남의 일처럼 여기는 또 한 가지 이유가 바로 여기에 있다. 인류세의 문제들은 당장 현실로 느껴지지 않는 반면, 약간의 비용만 치르면 손쉽게 얻을 수 있는 소비 자본주의의 편익들은 너무나 달콤하다. 인류세가 새로운 시대의 공식 명칭이 된다 해도, 자본세는 여전히 우리 시대의 핵심적인 본질을 꿰뚫는 중요한 키워드다. 인류는 지구에 등장한 이래로 모든 환경을 인간에게 이롭도록 변형해 왔지만, 이러한 변화를 티핑 포인트tipping point까지 가도록 증폭한 결정적인 요인은 자본이다. 수천수만 년간 땅속에 축적된 탄소를 화석 연료 즉, 에너지원으로 활용할 수 있게 되면서 인류는 전에 없는 풍요를 누리게 됐고, 역사상 처음으로 굶주림에서 자유로워졌다. 그렇기에 지구 온도가 올라가고 해수면이 상승해도 현재 누리는 문명의 편리함과 물질적 풍요를 포기하기는 어렵다. 자본주의는 우리에게 당연하고 유일한 삶의 형식이 되었기 때문이다. 물고기들이 물의 존재를 굳이 의식하지 않듯이, 이제 우리는 우리가 살아가는 환경 자체인 자본주의 이외의 다른 삶의 형식을 상상하기 어렵게 됐다. 기후 변화 부인론자들이 소비 자본주의를 비판하는 환경론자들의 주장을 우리 삶의 방식을 부정하고 공격하는 것으로 받아들이고 예민하게 반응하는 것도 그런 이유에서다. "자본주의의 종말을 상상하는 것보다 세계의 종말을 상상하는 것이 더 쉽다"는 비평가 프레드릭 제임슨Fredric Jameson의 말은 틀리지 않다.

우리의 일상이 평온하게 흘러가는 듯 보여도 세계 다른 어딘가에서, 이 일상의 배후에서 점점 커 가는 거대한 변화의 규모와 강도를 가늠하려면 우리에게는 상상력이 필요하다. 또한, 우리 앞에 전개될 인류세의 미래를 상상력으로 그려볼 수 있다. 이를 상상하는 데 실패한다면 우리가 처한 상황을 제대로 이해할 수 없고, 지금보다 나아진 다른 세상의 가능성을 꿈꿀 수 없을 것이다. 나아가 인간과 더불어 무수히 많은 생명체와 비생명체들까지 제각기 한몫을 하는 새로운 이야기를 만들어내기 위해서도 상상력은 필요하다. 이 새로운 이야기는 인간이 유일한 주인공인 '역사History'가 아니라 모두가 참여하는 '지구 이야기geostory'이다.

이야기, 혹은 내러티브는 상상을 행동으로 잇는 다리 역할을 한다. 인간은 이야기를 구성함으로써 주변 세계를 이해한다. 임상 심리학자 사이먼 바론 코헨Simon Baron Cohen은 저서 《마음맹盲, Mindblindness》에서 자폐증을 겪는 아이들은 주변에서 일어나는 사건을 내러티브로 연결하지 못해 주변 상황을 이해하는 데 어려움을 겪는다고 설명한다. 인류세의 내러티브는 인류세 상황을 재현할 뿐 아니라, 이를 해석하는 인식

틀의 역할을 한다. 내러티브는 다루기 힘든 현실에 패턴과 질서를 부여해 주고, 과학적 사실들과 사회학적 분석을 일관성 있고 이해하기 쉬운 용어로 연결한다. 생태학자 얼 엘리스Erle C. Ellis는 인간의 기원을 설명하고 세계, 그리고 그 안의 인간과 비인간 행위자들이 맺는 관계를 설명하기 위해 인간 사회가 언제나 내러티브를 이용해 왔다고 말한다. 내러티브와 이야기는 우리가 누구이고, 지구에서 우리의 역할이 무엇이며, 자연과는 어떤 관계인가를 탐구하고 재설정한다.

그렇다면 인류세에 새롭게 쓰일 이야기는 어떤 이야기가 될 수 있을까? 티머시 클라크는 인류세가 '문턱 개념 threshold concept'으로 기능한다고 말한다. 이 문턱을 넘는 순간 이전에는 정상이거나 큰 의미가 없던 많은 행동이, 단지 인간의 숫자나 힘에 의해 파괴적인 것으로 바뀌는 것이다. 그런 의미에서 이 문턱은 그 이전과 이후가 영원히 달라지는 임계점이다. 이 임계점을 인류의 종말이라는 예정된 결말로 넘어가는 국면의 시작으로 봐야 할까? 임계점 이후에 펼쳐지는 이야기는 오로지 종말과 파국의 묵시록뿐일까? 그 이야기가 오롯이 인간의 손으로만 쓰이는 것은 아니지만, 그렇다고 우리의 손을 완전히 떠난 것도 아니다. 그것은 아직 쓰이지 않았으며, 그 텅 빈 여백이 우리가 놓쳐선 안 될 희망이다.

작가 로이 스크랜턴Roy Scranton은 《인류세에 죽는 법 배우기Learning How to Die in the Anthropocene》라는 책에서 멸종이 우리 삶의 형식을 바꿀 기회라고 주장한다. 2003년 사병으로 이라크 전쟁에 참여했던 그는 귀국 후 허리케인 카트리나Hurricane Katrina를 보면서 전쟁의 경험을 떠올렸다. 테러가 아닌 기후 변화가 바그다드에서 보았던 암울한 미래상을 연상시킨 것이다. 실제로 2013년 미국 태평양 함대 사령관이었던 새뮤얼 로클리어Samuel J. Locklear 장군은 오늘날 기후 변화가 핵이나 테러, 중국 해커보다 더 큰 위험이라는 사실을 인정했다. 스크랜턴은 인류세가 제기하는 도전은 삶의 방식 자체에 대한 도전이라고 말한다. 인류세는 인간 존재가 무얼 의미하는가, 산다는 것이 어떤 의미인가와 같은 무거운 질문들을 우리에게 던진다. 그는 우리가 죽음을 생각하기 싫어하고 지금의 삶의 방식이 영원히 이어질 거라 믿고 싶어 하지만, 사실 이 문명은 이미 숨이 끊어졌음을 이해하고 인정해야 하며, 바로 거기에서부터 삶을 다시 시작해야 한다고 주장한다.

SF, 디스토피아물, 아포칼립스물 등 위기와 파국을 다룬 소설과 영화는 우리가 갇혀 있는 좁은 일상의 벽 너머로 시선을 돌리게 만든다. 우리 문명과 현재 삶의 방식이 영원하지 않다는 것을 깨닫기 위하여 새로운 상상력이 필요하다면, 이러한 허구의 이야기들은 인류가 처음으로 겪는 전례 없는 위기를 다루는 유용한 도구가 될 수 있다. 크뤼천의 표현을 빌

리면 인류가 들어선 이 '미지의 땅terra incognita'을 항해하는 지도이자 나침반, 즉 인류세에 벌어지는 변화의 진폭을 섬세하게 감지하는 지진계가 된다. 인식의 지평을 넓혀 준다는 점 이외에도 상상력이 갖는 또 하나의 중요한 강점은 정서적 힘이다. 문학 작품을 읽거나 영화를 볼 때, 우리는 다른 사람들의 삶에 몰입해 대리 체험하는 경험을 한다. 이러한 경험은 내가 겪어 보지 않은 고통까지도 상상 속에서나마 느껴볼 수 있게 해준다. 그런 정서적 감응을 바탕으로 비로소 내 삶과 아무런 접점이 없는 생판 남에게도 기꺼이 손을 내밀어 줄 수 있게 될 것이다.

그런 의도에서 다음 장부터는 본격적으로 문학과 영화의 상상력을 빌려 인류세의 현재와 미래를 생각해 보고자 한다. 2장에서는 영화 〈투모로우The Day After Tomorrow〉를 통해 인류세의 가장 심각한 문제인 기후 변화에 대해 이야기한다. 3장에서는 영화 〈매드맥스: 분노의 도로Mad Max: Fury Road〉를 통해 자원이 고갈된 디스토피아적 세계의 생존으로 화석 연료와 인류세의 관계를 살펴볼 것이다. 4장은 포스트-아포칼립스 소설 《스테이션 일레븐Station Eleven》의 배경이기도 한 전염병으로 문명이 붕괴한 이후 세상을 생각해 본다. 팬데믹을 겪으면서 우리는 어떤 끔찍한 미래도 더는 소설 속에서나 있을 법한 일로 치부할 수 없게 됐다. 5장은 심각한 위기가 닥쳐도 결국은 과학 기술이 우리를 구해 줄 것이라는 오랜 믿음을 되짚어 본다. 환경 문제와 기후 변화를 기술로 극복하려는 시도는 〈설국열차Snowpiercer〉와 〈인터스텔라Interstellar〉에서 각각 다른 양상으로 전개된다. 문학과 영화가 다가올 위기에 딱 떨어지는 답을 주지는 않는다. 그러나 판데믹과 기후 재앙의 우울한 소식들 한가운데에서 인류세의 의미를 한 번쯤 진지하게 생각해 본다면, 또 그 속에서 희망을 찾고자 한다면, 그것만으로도 이 새로운 시대의 길을 찾는 시작점으로 충분할 것이다.

2　　　　　　　예고 없이 찾아온 재앙 ;
　　　　　　　　　　　　　〈투모로우〉

소설이나 영화에서 주인공에게 뭔가 불길한 일이 닥치려 할 때 시커먼 먹구름이 하늘을 뒤덮고 멀리서 천둥소리가 들려오곤 한다. 날씨는 인물들의 불안한 심리를 반영하거나, 앞으로 전개될 재앙의 전조 역할을 하는 일종의 클리셰다. 내 마음이 슬프다고 하늘이 나와 함께 울어줄 리는 없지만, 인물들의 내면과 날씨가 동조하는 이런 장면들을 우리는 자연스럽게 받아들인다. 영화 〈기생충〉에서 기택네 가족이 박 사장네 집 드넓은 거실에서 집주인이 된 듯 신나게 놀던 중 먹구름이 깔리고 폭우가 쏟아지는 장면은 마치 그들이 꿈꾸는 미래가 생각만큼 쉽지 않으리라고 경고하는 듯하다.

기상 예보로 미래의 운명을 점칠 수만 있다면 좋겠지만, 날씨는 기상청 슈퍼컴퓨터로도 정확히 예측하기 어렵다. 내일 비가 올지 안 올지도 100퍼센트 확실히 말할 수 없다. 다만 아직까지 기후는 예측 가능한 것으로 여겨진다. 7월보다 12월의 온도가 낮고, 시베리아보다 서울이 더울 거라는 사실은 누구나 자신 있게 말할 수 있다. 기상학자 케네스 헤어 Kenneth Hare는 "기후는 날씨에 대한 보통 사람의 기대이다……. 기후는 기대하거나 체념하고 받아들이는 날씨들의 연속으로 구성된다"고 말했다.[5] 문제는 이 '보통 사람의 기대'가 빗나가는 경우다. 아프리카에 폭설이 쏟아진다거나 시베리아 기온이 38도까지 올라간다면 해외 토픽감인데, 이 두 가지 사례가

2020년부터 2021년까지 실제로 발생했다. 더 큰 문제는 이런 보통 사람의 기대를 빗나가는 일이 최근 들어 너무 빈번하게 일어난다는 것이다. 어쩌다 한 번이면 몰라도, 예외 현상이 계속 일어나면 더는 예외라고 볼 수 없다. 그것은 뭔가 거대한, 근본적 변화가 일어나고 있다는 징후이다. 기후 변화의 시대에 날씨는 더 이상 인간 심리의 반영이거나 사건의 배경이 아니다. 통제할 수 없는 힘으로 우리를 덮치는 중심 사건 그 자체다. 기후가 인간을 제치고 드라마의 전면으로 성큼 나서고 있다.

기후 변화를 둘러싼 논쟁

자연과 사회 간의 경계가 무너지는 인류세에는 기후와 날씨도 단순 자연 현상에 머물지 않는다. 신석기 시대에 인류가 농경을 시작한 이래로, 벌목 등 자연 환경을 인위적으로 변화시키는 인간 활동은 계속되어 왔다. 대기 중에 축적된 이산화 탄소 농도는 산업 혁명 시대에 화석 연료를 본격적으로 사용하면서 기하급수적으로 치솟았다. 화석 연료가 기후에 미친 효과를 연구하기 시작한 지도 벌써 100년이 넘는다. 1896년 스웨덴 과학자인 스반테 아레니우스Svante Arrhenius가 석탄을 태워 나온 이산화 탄소가 지구 온도에 얼마나 영향을 주는지를 최초로 계산했다. 1950년대까지는 이런 연구가 관심을 끌지 못했다가 1970년대 이후 '환경주의Environmentalism'[6]가 부상하면서 인간이 기후에 미치는 영향에 대한 관심이 커졌다. 1980년대에 들어와서 비로소 과학자들이 온실가스가 지구의 온도를 높이고 있음을 발견했다. 2001년에는 전술했듯, IPCC에서 인류 문명이 심각한 지구 온난화 효과에 직면했다는 데 합의가 이뤄졌다. 과학 사학자 나오미 오레스케스Naomi Oreskes는 1993년부터 2003년까지 전미 과학 저널에 실린 지구 온난화 주제의 논문 928편의 초록을 조사한 결과, 기후 변화의 규모와 방향에 대해서는 다소 이견이 있다 해도 기후 변화가 인간에 의해 초래됐다는 사실 자체에 동의하지 않은 과학자는 단한 명도 없음을 밝혀냈다. 그는 이 조사 결과를 바탕으로 "기후 변화가 현실임을 부정하는 것은 인간이 지구의 가장 기본적인 물리적 프로세스를 변화시키는 지질학적 행위자가 됐음을 부정하는 것"이라는 결론을 내렸다.

　이러한 과학적 연구 결과들이 뒷받침하듯이, 기후 변화가 이미 광범위하게 진행 중이며 인류만이 아니라 지구상의 모든 생명체에게 가공할 재난을 가져오리라는 경고의 목소리는 절박하다. IPCC의 기후 변화 보고서에 따르면 2100년까지 지구의 평균 온도는 4도 가량 상승할 것으로 예상된다. 그럴 경우 아프리카, 호주, 미국, 남아메리카 파타고니아 북부 지역, 아시아의 시베리아 남부 지역은 열기와 사막화, 홍수로 사람이 거주하기 힘든 환경으로 바뀐다. 2016년 파리 협정 Paris Agreement이 체결될 당시, 2도 정도의 기온 상승이 인류가 무슨 수를 써서라도 고수해야 할 최후의 마지노선이라 했지만 그 선은 이미 한참 넘어 버렸다. '기후 변화 대응 행동 분석 기관Climate Action Tracker'의 분석에 따르면, 파리 협정에서 협의한 약속들을 모두 실행해 온실가스 배출을 막는다 해도 약 3.2도의 기온 상승이 일어날 것이라고 한다. 이미 인류가 배출한 온실가스 양으로 인해 기온 상승은 막을 수 없는 일이 됐다는 것이다. 그럼 굳이 온실가스를 줄이고자 애쓰지 않고 살던 대로 산다면? 그 대가는 4.5도의 상승이다. 파리 협정의 목표를 달성해 2도 정도만 기온이 올라갔을 때, 우리가 예상할 수 있는 결과는 이렇다.

① 해수면이 0.5미터 상승해 방글라데시 다카, 미국 뉴욕을 비롯한 수십 개 대도시에 사람이 거주할 수 없게 되고 1억 4300만 명은 기후 난민이 될 것이다.

② 기후 변화로 무력 분쟁이 대략 40퍼센트 증가할 것이다.

③ 아마존의 20~40퍼센트가 파괴될 것이다.

④ 4억 명이 물 부족에 시달릴 것이다.

⑤ 모든 동물 종의 절반이 멸종 위기에 놓일 것이다.

⑥ 모든 식물 종의 60퍼센트가 멸종 위기에 놓일 것이다.[7]

재앙의 목록은 무수하지만 여기까지 하겠다. 대부분의 기후 변화 연구는 2100년까지를 종점으로 모델링하는데, 일부 기상학자들은 그 이후의 100년을 '지옥의 100년century of hell'이라 부른다. 어떤 세상일지 상상하지 않는 편이 낫거나, 아예 상상할 필요가 없을지도 모른다.

섬뜩한 예측들이지만, 기후 변화가 인간 탓이라는 학계의 연구 결과에 모두가 수긍하는 건 아니다. 사람들이 기후 변화에 반응하는 방식에는 크게 세 가지가 있다. 그중 하나는 기후 변화 따위는 아예 없다거나 설령 있다고 해도 지구의 온도가 오르락내리락하는 것은 어디까지나 자연스러운 현상일 뿐이지 인간 탓이 아니라고 주장하는 기후 변화 부인론자들의 태도다. 대표적으로 2017년 파리 협정 탈퇴를 선언한 도널드 트럼프 미국 대통령이 여기 속한다. 대통령 당선 이전부터 "기후 변화는 중국 정부가 미국 경제를 파탄 내기 위해 지어낸 사기극"이라고 주장한 트럼프는 파리 협정이 미국 경제에 더 많은 희생을 요구하므로 받아들일 수 없다고 선언한 바 있다. 그는 2018년 기후 변화의 심각성을 경고한 미국 연방 기관들의 〈기후 변화 보고서〉에 대해서도 "나는 보고서를 믿지 않는다"고 당당히 밝혔다. 내 입맛에 맞지 않으면 진실이 아니라는 트럼프의 뻔뻔함에 최근 '탈진실post-truth'이 철학과 사회 과학의 주요 연구 주제로 부상했다. 탈진실은 '진실이 존재하지 않는다'라기보다는 '진실이 개인의 정치적 입장에 종속된다'는 입장이다. 미국 여론 조사 전문 업체 퓨 리서치Pew Research Center는 미국 공화당 지지자의 67퍼센트가 지구 온난화를 부정하는 데 비해 민주당 지지자들은 64퍼센트가 온난화가 사실이며 인간이 그 주범임을 인정한다는 조사 결과를 발표했다. 소속 집단의 정치·문화 성향에 사실 판단이 좌우되는 '정체성 편향'이 지구 온난화 문제에도 작용한다는 것이다. 아미타브 고시는 기후 변화 부인론자들은 기후 변화에 대한 주장을 우리의 생활 방식에 대한 공격으로 받아들이기 때문에, 이를 우리 사회의 자본주의 체제를 무너뜨리려는 공산주의자들의 선동이라는 식으로 음모론의 렌즈를 통해서 본다고 지적한다.

찬반 논쟁에서 양쪽 말을 다 들어봐야 한다는 언론의 기계적 중립도 '사실 아닌 것이 사실로 둔갑'하는 데 한몫을 한다. 앞서 오레스케스의 연구 결과에서 보았듯이 기후 변화에 동의하는 과학자의 비율이 압도적이라 해도, 언론에서 양쪽의 주장에 똑같은 비중을 두어 다루는 방식은 반대 측 입장에도 상당한 근거가 있으며 기후 변화의 사실 여부는 여전히 논쟁 중이라는 오해를 초래하기 쉽다. 이러한 언론의 보도 행태에는 중립성과 객관성을 유지한다는, 일견 훌륭해 보이는 원칙만 작용하진 않는다. 그 뒤에는 화석 연료에 의존하는 거대 기업들과 에너지 억만장자들의 후원이 있다. 이들의 후원을 받은 일부 과학자들과 로비스트들은 과학적 연구 결과와 통계를 입맛대로 교묘히 취사선택해 자신들의 주장을 그럴듯한 사실로 보이게 만든다. 이러한 수법은 담배 회사들이 담배의 인체 유해성 논란에서 책임을 회피하고 사업을 계속하기 위해 오랫동안 써먹은 것으로, 이제는 기후 변화 문제에서 적극 이용되고 있다.[8]

이처럼 과학적 근거에 기반한 사실을 받아들이기 거부하는 극단적인 경우가 아니라도, 모두가 툰베리처럼 현실을 바꾸기 위한 적극적인 행동에 나서지는 않는다. 오히려 기후 변화의 심각성을 생각하면 이런 사람들은 놀라울 정도로 적다. 많은 이들이 기후 변화가 사실인 줄 머리로는 알지만, 진심으로 믿지는 못하는 어정쩡한 상태에 있다. 소설가 조너선 포어Jonathan Foer는 이러한 이율배반적 반응을 제2차 세계 대전 당시의 일화에 빗대어 설명한다. 1942년 폴란드 저항군 얀 카르스키Jan Karski가 목숨을 걸고 미국으로 탈출해 대법원 판사 펠릭스 프랑크푸르터Felix Frankfurter에게 자신이 직접 목격한 바르샤바 유대인 거주지역 소탕 작전과 강제 수용소에서의 유대인 학살을 증언했으나, 프랑크푸르터 판사는 다만 이렇게 대답했다. "당신의 말을 믿을 수가 없습니다." 그는 카르스키의 증언이 거짓이라고 부인하지 않았다. 단지 믿을 수 없다는 것뿐이다. 대홍수, 해일, 폭설이나 산불 등 전 세계에서 벌어지는 기후 재앙에 관한 기사를 볼 때 우리 또한 그런 마음일지도 모른다. '트럼프처럼 기후 변화가 거짓이라는 건 아닌데 믿지는 못하겠어.' 기후 변화 논쟁은 여전히 객관적이고 중립적인 과학 논쟁의 테두리에서 벗어나 있다. 과학적 근거와 수치 통계 자료를 들이댄다 해도 논쟁은 쉽게 마무리되지 않는다. 인류세의 많은 문제가 그렇듯이, 기후 변화 또한 우리를 둘러싼 주변 세계의 변화를 어떤 마음의 자세를 갖고 받아들일 것인가에 대한 '감정'의 문제이다. 동시에 우리가 중요하다고 믿어온 가치들을 재점검하고 그에 대한 평가를 바꿔야 하는 '신념'의 문제이기도 하다.

어느 날 갑자기 세상이 얼어붙는다면

2004년에 개봉한 〈투모로우The Day After Tomorrow〉는 기후 변화 문제를 전면에 내세웠다는 점에서 개봉한 지 제법 시간이 흘렀는데도 환경 문제를 다룰 때 여전히 자주 언급된다. 이 영화가 개봉된 이후 태어난 사람도 아마 한 번쯤은 학교에서 선생님이 틀어 주는 〈투모로우〉를 강제 시청한 경험이 있을 것이다. 영화적 완성도를 따지기 이전에 기후 변화 문제를 둘러싼 전문가, 일반인, 정치인들의 다양한 반응을 꽤 현실적으로 보여 주기 때문이다. 영화에서 남극의 빙하 코어를 탐사하던 기상학자 잭 홀 박사는 지구 온난화로 인해 지구에 곧 빙하기가 닥칠 것이라고 예측한다. 그는 임박한 기상 이변을 경고하지만, 재난 영화의 흔한 문법대로 고집불통 미국 부통령은 그의 말을 무시하고, 홀 박사를 헛소리로 국민을 혼란에 빠뜨리는 무책임한 사이비 과학자라고 비난한다. 물론 예상대로 부통령은 곧 예언을 무시한 대가를 미국 국민들과 더불어 톡톡히 치르게 된다. 일본에서 주먹만 한 우박이 떨어진 것을 시작으로 기상 이변이 전 세계를 덮쳤고, 자유의 여신상이 해일에 잠기고 한파로 뉴욕이 얼어붙는 스펙터클한 대재난이 스크린 위에 펼쳐진다.

기후 변화를 둘러싼 논쟁이 끊이지 않듯이, 이 영화도 개봉 당시부터 여러 논란에 휩싸였다. 기후 변화 부인론자들은 영화에서 다루는 기후 변화 자체가 엉터리 거짓말이라고 공격을 퍼부었다. 미국 버지니아대 환경과학 연구교수이자 기후 변화 부인론자로 유명한 패트릭 마이클스Patrick Michaels는 《USA 투데이》에 기고한 논평에서 이 영화는 정치 담론에 영향을 미치기 위해 과학을 이용한 '선동'이라고 비난했다. 기후 변화를 부인하지는 않지만, 영화에서 다루는 방식은 극적 과장과 왜곡이 너무 심하다는 비판도 있었다. 영화 속에서는 빙하기가 잭 홀 박사가 예측한 지 불과 며칠 만에 닥쳐왔다가 6주 만에 물러간다. 이 때문에 지구 온난화를 장기적인 시각에서 보지 않고 일시적인 기상 재해 정도로 가볍게 해석했다는 비판이 제기됐다. 기후 변화에 대한 잘못된 재현은 문제의 심각성을 간과하게 만들 수 있다. 괴물의 발자국이 한 발 한 발 다가오듯 한파가 서서히 뉴욕 시내를 덮치는 장면은 블록버스터 영화답게 시각적 효과를 극대화하지만, 현실적이라고 하기는 어렵다.

기후 변화를 문학이나 영화로 재현할 때의 어려움은 기후 변화가 일으키는 사건들이 아리스토텔레스가 설파한 개연성의 법칙과 어긋난다는 데에서 비롯된다. 아리스토텔레스는 《시학》에서 후대의 창작자들이 길이길이 금과옥조金科玉條로 삼을 원칙을 줬는데, 실제로 일어난 일보다 일어날 법한 일을 다뤄야 문학적 허구가 그럴듯하게 보인다는 것이다. 그런데 기후 재난은 도저히 일어날 법하지 않은 일, 즉 개연성이 부족한 일이 실제로 일어난다는 것이 문제다.

거짓말 같지만, 짧게 왔다 사라지는 빙하기는 실제로 존재했다. 기원전 1만 4000년경부터 8200년경까지 이어진 드리아스기Dryas stage에 10년 정도의 짧은 시간에 걸쳐 기후가 급변한 적이 있었다. 그러나 이렇게 발생 확률이 극히 낮은 재난은 상상하기 어렵기 때문에, 확실한 근거를 기반으로 예측해도 사람들은 잘 설득되지 않는다. 〈투모로우〉의 부통령은 재난 영화에 단골로 나오는 악역이지만, 현실에서도 대부분의 상식적인 사람들은 아마 비슷한 반응을 보일 것이다. 2012년 초대형 폭풍우 허리케인 샌디Sandy가 뉴욕을 강타했을 때, 큰 피해가 발생한 원인은 이를 예측하지 못했기 때문이 아니었다. 물리 법칙에 기반한 기상 관측 모델은 허리케인의 파급력과 궤도를 사전에 정확하게 예측했다. 단지 샌디가 〈투모로우〉의 빙하기처럼 '도저히 일어날 법하지 않은 일'이라는 것이 문제였다. 기상학자 애덤 소벨Adam Sobel은 대서양 중부에서 허리케인이 서쪽으로 급격히 진로를 바꾼 예가 기상 관측 이래 단 한 번도 없었다는 점에서 전례가 없는 사건이었다고 당시를 설명한다. 이 '일어날 법하지 않음' 때문에 관료들이 위험을 과소평가하고 긴급 조치를 제때 취하지 않았다는 것이다.[9] '급작스러운 빙하기와 같은 가공할 재난은 전에 일어난 적이 없었으므로 앞으로도 일어나지 않을 것이다', '만에 하나 일어난다 해도 나에게 일어날 리 없다', '고로 걱정할 필요도 없다'. 비논리적으로 보일지 모르나 인간은 생각만큼 논리적이지 않다. 탈진실처럼 내 신념에 부합하는 정보만 가려서 받아들이는 인지 편향이 이 경우에도 비슷하게 작용한다.

기후 변화를 다루기 어려운 두 번째 이유는 이 이야기에는 전형적인 악당이 존재하지 않기 때문이다. 어느 날 갑자기 해일이 도시를 덮치고 한파로 온 세상이 꽁꽁 얼어붙어도, 날씨의 변덕 탓이 아니라 탄소를 과도하게 배출해 지구의 온도를 올린 악당의 책임이라고 믿기는 어렵다. 악당의 존재는 뜬구름처럼 모호하다. 대기업? 정부? 트럼프? 과연 누구를 원망해야 할지 모른다. 게다가 그 '기후 악당들' 속에 나도 포함될 수 있음을 인정하기는 더더욱 어렵다. 기후 변화의 문제는 전통적인 드라마의 플롯에서처럼 선과 악, 이편과 저편이 명확하게 나뉘지 않는다. 그래서 잭 홀 박사는 묵묵히 키만큼 덮인 눈을 헤치고 뉴욕에 고립된 아들을 찾으러 갈 뿐이지, 〈어벤져스The Avengers〉 영웅들처럼 때려눕힐 악당을 찾아 나서지는 않는다. 우리가 기후 변화 문제에 대해 '알지만 믿지는 못한다'는 식의 모호한 태도를 취하는 데에는 인식과 느낌의 간극 탓도 있지만, 문제의 규모가 가늠도 안 될 정도로 큰 만큼 거기 연루된 책임의 주체도 무수히 늘어난다는 사실도 작용한다. 책임을 모두에게 조금씩 나누어 주다 보면 그 무게는 0에 수렴한다. 모두의 책임인 일은 결국 누구의 책임도 아닌 일이 되고 만다. 책임질 악당이 존재하지 않으니 모두가 기대하는 권선징악의 시원한 결말도 나올 수 없다. 그렇다면 왜 이런 아무도 예상하지 못한 기후 재앙이 일어난 걸까? 아니, 왜 현실에서 정말로 그런 기후 재앙이 일어날 수도 있다고 하는 것일까?

살아있는 지구, 가이아

〈투모로우〉는 여느 때처럼 북극에서 빙하 코어의 변화를 체크하는 잭 홀 박사의 모습에서 시작한다. 지구가 더워지는데 빙하기가 온다니 앞뒤가 안 맞는 것 같지만, 지구 온난화가 빙하기를 초래할 수 있다는 영화 속 기상학자들의 주장은 사실이다. 영화에서처럼 지구 온난화로 북극의 빙하가 녹으면서 바닷물에 담수가 유입돼 정상적인 해류의 흐름이 교란되면 이상 기후를 일으킬 수 있다. 2004년 미국 국방부는 "20년 안에 지구 온난화로 북극의 빙하가 녹아 해류 순환에 변화가 생겨, 영국과 북유럽이 시베리아성 기후가 되어 전 세계적 기아가 발생할 것"이라는 보고서를 내놓았다. 영화의 내용을 그대로 옮긴 듯한 보고서는 〈투모로우〉가 개봉되기 불과 몇 달 전에 발표된 것이다. 지구의 바닷물은 늘 똑같은 온도, 똑같은 상태로 유지되는 것이 아니라 햇볕에 데워지고 그에 따라 염도가 달라지면서 끊임없이 변화한다. 물론 온도가 계속 올라가거나 끝없이 바닷물이 짜진다면 곤란하겠지만 다행히도 지구는 하나의 살아있는 시스템처럼 바람과 해류를 타고 열을 운반하면서 평형을 유지한다. 지구 해수의 움직임은 컨베이어 벨트처럼 적도의 열을 극지방으로 운반하며 기후 시스템에서 위도 간 열 균형을 맞춰 주는 역할을 한다. 그러나 지구 온난화로 이 컨베이어 벨트 작동에 문제가 생기면 영화에서처럼 어떤 지역에서는 빙하기가 덮칠 수도 있다. 실제로 비슷한 현상이 2020년 발생했는데, '선벨트Sun Belt'라고 불릴 만큼 일조량이 많은 미국의 남쪽 주州 일부 지역이 북극에서 뻗어나온 강력한 고기압으로 영하 20도 이하까지 떨어져 알래스카보다도 추워졌다. 이에 대해 트럼프는 "지구 온난화는 어떻게 된 거냐"라며 기후 변화에 관한 주장을 조롱하는 트윗을 날려 기후와 날씨도 구분하지 못하는 무식함을 드러냈다.

해양 컨베이어 벨트 예시에서 보듯이 지구는 대기권大氣圈, 수권水圈, 지권地圈이 상호 작용하는 복잡하고 역동적인 하나의 시스템이다. 이러한 관점에서 1980년대 이후 '지구 시스템 과학Earth System Sciences'이 시작됐다. 지구를 각 부분이 긴밀히 결합되어 부분의 합보다 전체가 더 큰 하나의 살아있는 유기체로 봐야 한다는 주장은 1970년대 영국의 과학자 제임스 러브록James Lovelock의 '가이아 가설Gaia Hypothesis'에서 나왔다.[10] 이 가설은 초기에는 사이비 유사 과학에 불과하다고 과학 공동체로부터 외면받았지만, 결국 지구의 장기적 역학을 이해하기 위해 시스템적 접근을 도입함으로써 지구 시스템 과학의 기초를 마련했다는 평가와 함께 그 가치를 인정받게 됐다. 1990년대 들어 지구 과학과 지질학계의 관측 방법에 진전이 일어나면서 여러 권역 사이의 물질 교환과 에너지 교환을 컴퓨터로 시뮬레이션할 수 있게 된 덕이 컸다. 또한, 인간 활동의 증가가 지구 시스템 작용에 변화를 일으킨 원인이라는 점을 증명할 수 있게 됐다. 러브록의 가이아 가설은 지구를 바라보는 인간의 관점을, 필요한 대로 쓸 수 있는 '죽은 자원'에서 '살아있는 전체'로 보도록 생태주의적 전환을 일으켰으며, 지구와 인간의 관계를 근본적으로 다시 고찰해야 할 필요성을 강력히 제기했다.

러브록은 1975년 화성의 대기 구성을 조사해 생명체의 존재 여부를 확인하는 나사NASA의 화성 탐사 계획 '바이킹 프로젝트Viking program'에서 연구하던 중 가이아 가설의 단초를 얻었다. 그의 연구 대상은 화성이었지만, 이 연구가 지구에도 마찬가지로 동일하게 적용될 수 있을 것이라고 생각했다. 만약 우주에서 온 외계인이 지구의 생명체를 발견하기 위해 지구 대기가 어떻게 조성됐는지 조사한다면 무엇을 발견하게 될까? 이러한 발상의 전환에서 시작된 연구는 놀라운 결과를 보여 줬다. 지구가 화성이나 다른 행성과 달리 운이 좋아서, 혹은 신의 섭리 덕분에 생명체가 거주하기에 적합한 대기로 구성돼 생명의 터전이 될 수 있었던 것이 아니라, 지구의 생명체들이 진화 과정에서 자신들이 생존하기에 적합하도록 대기 구성을 변화시켜 왔던 것이다. 러브록과 가이아 가설을 공동 연구한 생물학자 린 마굴리스Lynn Margulis는 "3000만 종 이상의 유기체가 상호 작용하고, 환경의 화학적 성분들과 상호 작용한다. 그리하여 가스, 이온, 금속, 유기적 구성 물질을 자신들의 대사 작용, 성장, 재생산을 통해 생산하고 제거하며, 이런 상호 작용을 통해 지구 표면 온도를 조정한다"고 설명했다.[11]

러브록은 가이아가 '자기 조절 시스템Self-regulating system'을 통한 능동적 조절로 비교적 균일한 상태의 '항상성homeostasis'[12]을 유지한다고 주장했다. 가이아가 추구하는 목표는 "태양으로부터 오는 외부 에너지와 지구 내부로부터의 내부 에너지 유입이 변화하는 것처럼, 모든 조건이 변화하는 와중에도 생물들의 생존에 적합한 환경을 끊임없이 조성해 나가는 것"이다.[13] 즉 항상성의 유지가 가이아의 중요한 목표이며, 인간 또한 알게 모르게 가이아의 일원으로서 항상성 유지에 기여하고 있는 셈이다. 문제는 인간의 활동이 환경에 지나친 부담을 주면서 시스템을 붕괴로 몰고 가는 상황이다. 러브록은 연구 초기에 가이아는 인간이 일으키는 변화의 충격 정도는 흡수하고 중화할 능력을 지녔으므로 지구 시스템이 안정적으로 유지될 수 있을 것이라는 낙관적 태도를 보였지만, 2008년 낸 《가이아의 복수》에서는 책 제목에서 이미 드러나듯 이러한 태도에서 돌아섰다. 가이아는 그리스 신화에 나오는 대지의 여신의 이름이지만, 인류세의 가이아는 인간을 보듬어 주고, 때로는 인간을 위해 아낌없이 희생하는 자애로운 어머니가 아니다. 가이아는 인간을 압도하는 비인간적 힘을 의미하기도 한다. 인간이 지구상에서 사라지든 말든 무심하며, 가이아가 버틸 수 있는 한계를 겁도 없이 시험한 인간들에게 가차 없는 복수를 가할 것이다.

라투르는 러브록의 가이아 개념이 인류세의 지구를 설명하는 데 매우 유용하다고 보고 이를 인류세의 맥락에서 재해석한다. 러브록은 가이아를 시스템으로 표현했지만, 라투르는 컨트롤할 수 있는 시스템이라는 기계적 비유보다는 얇은 '생물막biofilm'으로 표현하는 쪽을 선호한다. 이 생물막은 불과 몇 킬로미터 두께의 지표면, 해수면, 대기권으로 이루어지며, 거기 속한 모든 생명체와 비생명체들까지 아우른다. '막'이라는 표현에서 보듯 이 영역은 안정되어 있거나 단단히 고정된 것이 아니다. 해양 컨베이어 벨트의 예에서 보듯이 대기와 해수는 쉬지 않고 흐르고, 뒤섞이고, 소용돌이친다. 이 생물막은 불안정하고 끊임없이 변화하는 유동적인 상태이며, 그만큼 위태롭다. 끊임없는 순환으로 평형을 유지하고 있는 것 같지만, 그 평형은 언제든지 깨질 수 있다. 그래서 라투르는 이 생물막을 다른 표현으로 '임계 영역critical zone'이라고 부른다.

이 막은 얇고 위태롭지만, 우리가 거주할 수 있는 장소는 오직 여기뿐이다. 러브록과 라투르의 가이아는 전통적인 의미의 자연도, 지구도 아니다. 러브록의 가이아 가설에서 대기가 역사적 과정을 거쳐 인간이 생존하기에 적합하도록 완성된 결과물이 아니다. 생명체와의 상호 작용을 통해 조절되고 구성되었듯이, 이 생물막에서 인간과 인간이 뿌리박힌 환경은 상호 작용하며 분리될 수 없다. 가이아와 우리의 관계는 마치 '뫼비우스의 띠'와 같다. 다시 말해 우리는 가이아 속에 있기도 하고 가이아가 우리 속에 있기도 하다. 1972년 아폴로 17호에서 우주인이 지구를 바라보며 찍은 한 장의 사진 '푸른 구슬blue marble'은 광대무변한 우주 속에서 생명체가 사는 단 하나의 행성, 지구의 소중함을 상기시키면서 환경 운동의 상징이 됐다. 그러나 신神이나 우주인이 아닌 이상 우리는 지구 바깥으로 나가 우주의 어느 한 자리에서 한눈에 지구를 조망할 수 없다. 우리는 이 생물막 또는 임계 영역 안에서 흙과 물과 공기를 들이마시고 내뿜으며 벌레, 잔디, 바이러스와 뒤엉켜 존재한다. 우리는 가이아의 일부다.

기후 재앙 시대에 우리에게 미래가 있을까

숱한 논란과 비판이 있었지만, 영화 〈투모로우〉가 기후 과학의 연구 성과를 대중에게 널리 알리고 기후 변화에 대한 관심을 끌어올렸다는 점은 인정해야 한다. 지리학자 앤서니 레이세로비츠Anthony Leiserowitz는 2004년 국제 환경 저널인《인바이런먼트Environment》지에서 〈투모로우〉 덕분에 2001년 IPCC 보고서에 대한 뉴스 보도가 열 배로 증가했다고 말했다. 〈투모로우〉는 개봉 직후부터 지금까지도 기후 변화 문제를 다룬 수많은 보고서와 기사에서 끊임없이 언급된다. 영화는 대중의 관심을 끌어올리고 문제의 심각성을 인식하는 계기를 제공한다는 점에서 복잡한 숫자와 통계로 풀어내는 딱딱한 수백 편의 연구 논문도 하지 못한 중요한 역할을 해낸다.

그렇지만 전형적인 할리우드 재난 영화의 공식을 따르다 보면 어쩔 수 없는 한계도 있다. 해일과 한파로 뉴욕이 쑥대밭이 됐어도 빙하기는 지나가고, 주요 인물들은 어김없이 살아남아 해피엔딩을 맞이한다. 잭 홀 박사는 한파로 뉴욕에 갇힌 아들을 구하러 떠나는 것 외에 재앙을 극복하기 위한 영웅적인 노력은 하지 않는다. 사실 그가 할 수 있는 일은 없다. 그가 아들과 감격스러운 재회를 할 수 있던 것은 운 좋게도 그가 뉴욕에 도착했을 시 때마침 살인적인 한파가 물러갔기 때문이지, 기상학자로서의 능력과는 아무 관계없다. 어찌 보면 현실적인 설정이다. 티핑 포인트를 지나 지구 시스템의 균형이 무너지게 되면, 인간의 힘으로 할 수 있는 일은 거의 없다. 그러나 일각에서는 기후 변화를 다루는 소설이나 영화들이 자칫 어차피 이 재난을 우리가 피할 수도, 막을 수도 없다는 무력감을 조장한다는 비판을 제기한다.

기후 변화 문제의 딜레마가 바로 여기에 있다. 거짓이라고 생각지는 않지만 믿지 못한다. 심각한 건 알겠는데 한 개인에 불과한 내가 뭘 해야 할지도 모르겠고, 뭔가 한다 해도 이 거대한 흐름에 변화가 생길 것 같지 않다. 툰베리가 유럽 정상들 앞에서 위기가 코앞에 닥쳤는데도 입만 살아서 공허한 말잔치만 한다고 비판하는 모습을 보면 마음 한구석이 불편해지지만, 그것도 잠시, 바다에 조약돌 하나 던진다고 뭐가 달라질까 싶다. '기후 변화 부인론자'까지는 아니지만 '기후 변화 회의론자'에 가깝다고 해야 할까.

기후 변화에 대처하기 위해 개인이 할 수 있는 실천 목록은 꽤 길다. 일단 가장 중요한 탄소 배출 감소를 위해 가솔린 자동차를 전기차로 바꾼다. 대부분의 자동차 회사들은 전기차로의 전면적인 생산 체제 전환을 이미 선언하여 실행에 옮기는 중이다. 채식주의자들은 채식이야말로 탄소 배출을 크게 줄여 지구 온난화를 막을 수 있는 효과적인 행동이라고 강력하게 주장한다. 그러나 지구의 위기를 극복하기 위해 내 식욕과 지갑을 희생해야 할지 아직 마음도 정하지 못했는데 이런 개인의 노력이 다 쓸데없는 짓이고 지구 온난화를 막는 데에는 하등 도움이 안 된다고 주장하는 이들도 있다. 옳은 일을 하고 있다는 생각에 잠시 기분만 좋아질 뿐, 기후 변화라는 거대한 물결 앞에서 개인의 노력은 실질적인 변화를 일으키기에 너무나 미미하다는 것이다. 의미 있는 변화를 이끌어 내려면 자원을 채굴하고 석유와 석탄을 태우며 엄청난 양의 탄소를 배출하는 화석 연료 기업들의 활동을 막도록 정부 정책에 압력을 가하는 정치적 노력이 필요하다. 전 세계에 친환경 정책을 펼치는 정권이 더 많이 들어서도록 선택함으로써 화석 연료 경제 체제 자체를 바꾸지 않으면 안 된다는 것이다.

기후 변화 문제를 심각하게 받아들이고 친환경 정책을 내건 정당에 투표하는 것과 고기 대신 샐러드를 먹는 것, 둘 중 어떤 행동을 취하는 것이 맞을까? 둘 중 꼭 하나만이 옳은 주장이고, 어느 하나를 선택해야만 할까? 개인의 행동으로 의미 있는 변화를 기대하기 어렵다는 말은 분명 맞지만, 그렇다고 오늘 저녁 메뉴로 치킨도 포기하지 못하면서 선거에서 각정당의 환경 공약을 꼼꼼히 읽어 보고 환경 관련 세금을 올리겠다는 정당에 투표할 수 있을지는 의심스럽다. 종이 빨대를 쓰면서 만족감에 취해 이것으로 내 할 일은 다 했다고 믿어 버린다면 곤란하지만, 그러한 일상 속의 작은 행동 하나하나가 우리를 둘러싼 더 큰 세계가 어떻게 돌아가고 있는지, 그리고 어떻게, 얼마나 망가져 가고 있는지 관심의 끈을 놓지 않으면서 더 중요한 행동으로 나아가는 동력이 될 수도 있다. 중요한 것은 변화를 일으킬 수 있다는 믿음, 그리고 그 믿음을 일상 속에서 실천으로 옮기는 행동일 것이다. "행복하니까 웃는 것이 아니라 웃으니까 행복해지는 것"이라는 어느 개그맨의 말처럼, 때로는 머리로 납득하기 전에 행동하고 습관을 바꾸는 것이 근본적으로 우리의 믿음과 태도를 바꿀 수 있다.

나비 한 마리의 날갯짓이 태풍을 불러온다는 말처럼, 기후 변화는 우리에게 살아있는 것과 살아있지 않은 것, 그리고 그것들이 만들어 내는 사소한 변화들이 전체 시스템과 연결되어 서로 영향을 주고받는 상호 연결성의 감각을 새롭게 일깨울 것을 요구한다. 가이아 혹은 임계 영역, 생물막, 이름이야 뭐라고 부르건 중요한 사실은 이 세계 안에서는 멀고 가까운 것, 오래된 과거와 먼 미래가 연결되어 있다는 점이다. 기후 변화의 위기는 우리가 숨 쉬는 공기의 가치를 인식하지 못하고 살아가듯, 이 세계 안에서 우리가 존재하고 살아간다는 당연한 사실을 새삼스럽게 일깨운다. 기후는 우리의 평범한 일상을 이루는 조건이면서 우리의 일상 속 행동으로부터 영향을 받는다. 이러한 연결성에 대한 인식이야말로 기후 변화 위기에 대처하기 위한 행동의 첫 단추이자 핵심이다. 살인적인 한파가 뉴욕을 덮쳐올 때, 기상학자가 취할 수 있는 행동은 연구에 쫓겨 늘 뒷전이었던 아들의 곁으로 가는 것뿐이었다. 우리가 익숙하게 알던 세상이 멸망할지도 모를 위기 앞에서 그는 자신에게 가장 소중한 존재의 가치를 깨닫는다. 그러나 만약 다음번에 다시 기후 재앙이 닥친다면 이번만큼 운이 좋을지는 알 수 없다. 아들에게 안전한 삶과 평온한 일상을 주고 싶다면 하던 일을 내팽개치고 달려가는 것 말고 뭔가 다른 행동을 취해야 할 것이다.

기후 변화가 가져올 끔찍한 미래의 전망을 듣고 있으면 아마도 대부분의 부모는 자식들이 맞이할 세상을 걱정할 것이다. 자식이 없는 젊은 세대라면 그런 세상에 자식을 낳는 것이 옳은 일일까 곰곰이 생각할 것이다. 《시간과 물에 대하여》에서 아이슬란드 작가 안드리 스나이르 마그나손Andri Snær Magnason은 그가 책을 쓰고 있던 2018년, 94세가 된 그의 증조할머니로부터 자신의 딸의 미래 증손녀가 94세가 될 2186년까지, 262년의 시간을 계산해 본다. 인간의 평균 수명을 한참 넘어가는 262년은 추상적인 개념 같지만, 앞뒤로 이어진 다른 이들과의 관계를 통해 만져볼 수 있을 만큼 구체적인 실체가 된다. 그는 딸에게 이렇게 말한다. "상상해보렴. 262년이야. 그게 네가 연결된 시간의 길이란다. 넌 이 시간에 걸쳐 있는 사람들을 알고 있는 거야. 너의 시간은 네가 알고 사랑하고 너를 빚는 누군가의 시간이야. 네가 알게 될, 네가 사랑할, 네가 빚어낼 누군가의 시간이기도 하고. 너의 맨손으로 262년을 만질 수 있어. 할머니가 네게 가르친 것을 너는 손녀에게 가르칠 거야. 2186년의 미래에 직접 영향을 줄 수 있다고."[14] 기후학자들이 세상이 지옥으로 변할 것이라 경고하는 2100년은 아득하게 멀어서 나오는 상관없는 텅 빈 미래로 느껴질지 모르지만, 내가 사랑하는 누군가, 혹은 그 사람이 사랑하는 누군가가 살아서 겪게 될 시간이다. 그리고 그들이 살아갈 미래의 시간은 우리의 현재와 연결되어 있으며, 우리가 현재에 한 일들이 그들의 미래를 만들 것이다.

시간상으로 우리의 현재가 사랑하는 아이들의 미래와 연결되어 있다면, 공간상으로도 우리는 다 함께 지구에 격리된 '지구 생활자'들로서 운명을 공유한다. 라투르는 판데믹으로 각자 집안에 격리되기 이전에도 우리는 이미 생명체가 거주할 수 있는 단 하나의 행성인 지구에 격리된 상태였으며, 코로나19 덕분에 이 당연한 사실을 비로소 새롭게 깨달았을 뿐이라고 주장한다. 그러나 우리가 다 같이 가이아 안에 있어도 기후 변화를 초래한 대가를 모두가 똑같이 나누어 치르지는 않는다. 〈투모로우〉에서는 북반구에만 빙하기의 한파가 몰아친다. 잭 홀 박사는 미국인들을 멕시코로 대피시켜야 한다고 주장하고, 멕시코 국경에서는 현실의 뉴스에서 자주 볼 수 있는 광경이 벌어진다. 단지 현실에서처럼 미국으로 밀입국하려는 남미의 난민들로 국경이 붐비는 것이 아니라, 거꾸로 한파를 피해 도망치는 미국인들로 아수라장이 된다는 차이만 있을 뿐이다. 영화에서는 미국 대통령도 피난길에 올랐다가 자동차 안에서 얼어 죽는다. 궁지에 몰린 부통령은 멕시코의 부채를 탕감해 주는 조건으로 미국인들을 멕시코에 대피시키기로 한다.

현실은 전혀 다르다. 전 세계 인구 중 가장 부유한 10퍼센트가 전체 탄소 배출량의 절반에 책임이 있다. 전 세계에서 가장 부유한 1퍼센트의 1인당 배출량은 가장 가난한 10퍼센트 175명의 배출량과 맞먹는다. 그러나 지구 온난화에 가장 책임이 적은 사람들이 제일 큰 타격을 받는다. 기후 변화에 가장 취약한 나라로 꼽히는 방글라데시는 벌써 약 600만 명이 폭풍 해일, 가뭄, 홍수 등 환경 재앙으로 강제 이주했다. 현재 예상되는 해수면 상승이 현실이 된다면 방글라데시는 전 국토의 3분의 1이 물에 잠기고 2500만 명에서 3000만 명이 고향을 떠나게 될 수도 있다.[15]

이러한 기후 난민은 앞으로 급속도로 늘어나겠지만, 피난처를 구하기 위해 타국의 부채를 탕감해 줄 능력이 있는 선진국 국민이기보다는 스스로를 보호할 형편이 되지 못하는 가난한 나라 출신들이 훨씬 많을 것이다. 오래전 빙하기에는 인류가 조금이라도 살기 나은 땅을 찾아 이동이라도 할 수 있었지만, 각국이 더 단단히 국경을 걸어 잠그는 지금 시대에는 그마저도 불가능하다. 기후 재난은 계층에 따라 다른 강도로 닥친다. 〈기생충〉에서 폭우는 사장네 가족에게는 모처럼의 캠핑을 취소하고 돌아와야 하는 정도의 사소한 사건이지만,

기택네에는 하룻밤 사이 그들의 보금자리를 파괴해 버리는 엄청난 재앙으로 다가온다. 〈기생충〉의 폭우 장면은 2021년 9월 뉴욕에서 현실로 재현되었다. 허리케인 아이다가 미 북동부를 강타하면서 이날 뉴욕 맨해튼 파크에 쏟아진 비의 양은 1869년 기상 관측 이래 최고 기록이었다. 그러나 60명이 넘는 뉴욕의 사망자는 맨해튼 파크에서 발생한 것이 아니었다. 전형적인 부촌인 맨해튼 파크 인근은 잘 갖춰진 배수 시설 덕분에 폭우에도 큰 피해를 면했지만, 지하에 사는 사람이 많은 빈민가에서 사망자의 80퍼센트가 발생했다. 지구는 평평하지 않고, 기후 재난의 결과는 공평하지 않다.

어제 화창하던 하늘에서 오늘은 비가 쏟아지듯, 날씨는 하루하루 변화무쌍하고 예측 불가능하다. 지구 어느 곳에서는 조상 대대로 지켜 온 삶의 터전을 폭우가 하루아침에 쓸어가 아수라장이 벌어지고 또 예상치 못한 한파로 떼죽음을 당하지만, 같은 시각 반대편 어느 곳에서는 따사로운 햇살 아래서 여유를 만끽한다. 짧은 시간 범위 내에 좁은 지역을 떼어놓고 본다면 기후 변화의 영향은 고르지 않다. 그러나 나날의 다양한 날씨들을 합쳐 놓고 보면 지속적이고 관성적인 패턴이 드러나듯, 장기적이고 광범위한 기후의 영향은 지구 위에서 살아가는 한 누구도 피할 수 없다. 기후 변화를 부인하는 사람들을 설득하기가 얼마나 어려운지, 사실인 줄 알아도 믿지는 못하는 사람들을 행동하도록 만들기는 또 얼마나 힘든지에 대해 아무리 길게 설명해도 변치 않는 진실이 있다. 기후 변화 부인론자들의 앞마당에도 언젠가는 물이 차오르는 날이 올 것이고, 삶의 터전을 잃고 국경 지대를 떠도는 기후 난민들의 고통이 더는 남의 이야기가 아닌 날이 오리라는 것이다. 우리의 믿음을 바꾸는 것, 믿음을 토대로 한 행동을 바꾸는 것이 어렵고 힘들다 해도 손 놓고 가이아가 망가져 가는 것을 언제까지나 방관할 수는 없을 것이다. 어떤 상황에서라도 삶을 포기하지 않고 이어 가려는 것이 인간의 본능이기 때문이다. 살고자 하는 절실한 열망이 나만의 것이 아니라 세계 반대편의 난민들, 내 아이와 그 아이의 아이, 지구 온난화로 멸종되어 가는 새와 물고기와 벌의 것이기도 하다는 사실을 잊지 않는다면, 아직은 희망이 있을지도 모른다.

3　　　　　화석 연료 시대의 종말 ;

〈매드맥스: 분노의 도로〉

"바닥에서 초록색 불빛이 올라오는 수영장의 염소 처리된 물 속으로 다이빙하는 일. 야간 조명등 아래에서 하는 야구 경기. 여름밤 나방이 몰려들던 현관 등. 엄청난 전력을 소비하며 도시 아래를 달리던 지하철. 도시. 영화 …… 비행. 하늘에서 여객기 창문을 통해 반짝이는 불빛이 수놓인 도시들을 내려다보는 일. 10킬로미터 상공에서 도시를 내려다보며 그 시각 불을 밝히고 있는 사람들의 삶을 상상하는 일. 비행기 …… 국가. 국경에는 아무도 없었다."

에밀리 세인트존 맨델Emily St. John Mandel이 2016년에 낸 포스트 아포칼립스 소설《스테이션 일레븐》은 치명적인 판데믹으로 전 인류의 99퍼센트가 사망하고 문명이 붕괴된 이후의 세계를 그린다. 위에선 짧게 인용했지만 실제 소설에서는 한 페이지가 넘도록 그 세계에서 사라진 것들을 길게 묘사하는데, 그것들 사이에는 하나의 공통점이 있다. 모두 전기와 관련돼 있다는 것이다. 복잡한 현대의 삶이 톱니바퀴처럼 맞물려 돌아갈 수 있게 하는 동력원이었던 전기가 사라지는 순간, 우리의 일상도 함께 정지하고 국가와 국경마저 존재 의미를 잃어버린다. 아직까지는 전기의 대부분이 화석 연료에서 생산된다. 태양광, 수력, 풍력 등 재생 에너지 개발에 박차를 가하고 있지만 비탄소 전력의 비중은 2000년 35.2퍼센트에서

2020년 36.7퍼센트로 증가하는 데 그쳤다.

　　석탄과 석유로 대표되는 화석 연료는 편리하고 풍요로운 우리 삶을 떠받치는 근원이다. 아침에 일어나서 출근하기까지의 그 짧은 시간 동안에만 몇 개의 전자 제품을 사용하는지 생각해 보라. 스마트폰, 텔레비전, 전등, 냉장고, 토스트기, 커피 머신…… 이뿐만 아니라 전기와 상관없어 보이는 일상의 것들에도 화석 연료의 영향이 닿아 있다. 우리가 입는 합성 섬유로 된 옷에는 화석 연료 추출물이 포함돼 있고, 당연히 그것들을 제조하고 운송하는 과정에 석유가 쓰인다. 냉장고 안에 든 싱싱한 채소와 과일 또한 석탄이나 석유를 때는 온실 안에서 재배했으며, 어떤 것들은 바다 건너 먼 나라로부터 배나 비행기에 실려 온 것이다. 농업의 비약적 성장이라는 기적을 일으킨 화학 비료도 화석 연료를 이용했다. 이렇듯 우리는 삶의 처음부터 끝까지 화석 연료에 의존하는, 화석 연료 문명에서 살고 있다. 여러 분야에서 점점 확장하고 있는 가상 공간은 우리가 마치 물질적 제약이나 인프라 없이 디지털 세계의 진공 속에서 자유롭게 살아갈 수 있을 것 같은 착각을 일으킨다. 그러나 광섬유 케이블이나 데이터 서버, 컴퓨터에 에너지가 공급되지 않으면 이런 환상 역시 지속될 수 없다. 어느 날 갑자기 전기가 영원히 끊긴다면, 혹은 그 전기를 만들던 석탄과 석유가 바닥을 드러낸다면…… 그것은 문명의 종말이라

해도 과언이 아닐 것이다.

영원한 파티는 없다

앞장에서 말했듯이, 인류세의 시작을 언제로 볼 것인가에 대
해서는 여전히 논란이 많다. 파울 크뤼천을 비롯한 다수의 학
자들은 1800년대 산업혁명을 인류가 지구 환경을 변화시키
기 시작한 중대한 기점으로 본다. 크뤼천은 지구 시스템에 인
간이 각인한 흔적은 화석 연료에 기반한 에너지 시스템의 도
래 및 확산과 가장 직접적인 연관성이 있다고 말한다. 따라서
화석 연료 사용에 따른 대기 중 이산화 탄소의 축적량으로 인
류세의 진전을 추적하고 수량화할 수 있다고 주장한다. 이에
따라 그는 인류세의 단계를 총 세 단계로 구분한다. 산업화 시
기에 해당하는 1800년부터 1945년까지가 1단계, 소비자본
주의가 폭발적으로 성장한 대가속Great Acceleration 시기인 1945
년부터 2015년까지가 2단계, 2015년 이후가 3단계다. 이 중
마지막 3단계는 기후 변화가 과학적으로 입증되고 인간 활동
이 정말로 지구 시스템의 구조와 기능에 영향을 미치고 있다
는 인식과 함께 시작됐다.[16]

　화석 연료는 산업혁명과 떼어 놓고 이야기할 수 없다.
이전에도 석탄을 사용하기는 했지만, 땅속 깊이 묻혀 있는 석
탄을 대량으로 파낼 기술력이 없었다. 제임스 와트James Watt가

발명한 증기 기관은 이 귀중한 자원에 접근할 수 있는 수단을 제공했고, 이로써 산업혁명은 인류 역사에서 본격적으로 화석 연료를 사용하는 계기가 됐다. 제이슨 무어는 18세기 영국에서 토머스 뉴커먼Thomas Newcomen이 발명한 증기 엔진을 사용함으로써 저렴한 비용으로 철 제조용 코크스[17]를 석탄에서 채굴하고, 깊어질수록 점점 물이 차는 탄광에서 물을 빼낼 수 있게 되었다고 말한다. 코크스로 제련한 철은 1750년 영국 철 생산량의 7퍼센트에 불과했으나 1784년에는 무려 90퍼센트로 늘어났고, 철 1톤을 생산하는 총비용은 60퍼센트까지 감소했다. 화석 연료가 제공한 풍부한 에너지 덕분에 노동력과 자본 비용을 절약하고 원자재 가격이 내려가는 기적이 가능하게 된 것이다.[18] 지금 우리가 사용하는 대부분의 화석 연료는 1억 5000만~3억 5000만 년 전 생성됐다. 프랑스의 소설가이자 철학자인 장 폴 사르트르Jean-Paul Sartre는 화석 연료를 "다른 생명체로부터 인류가 물려받은 자본"이라고 말했다. 엄청난 규모의 시간과 공간이 압축된 에너지 형태이기 때문이다. 실제로 석유 1리터를 만들려면 고대 해양 생물 25톤이 필요하다. 이렇게 집적된 화석 연료가 내는 에너지의 규모는 엄청나다. 거대한 피라미드를 짓는 데 20년간 1만 명의 사람들이 동원됐다면, 미국에서 사용하는 석유 기준 에너지의 하루 평균량으로는 100개의 피라미드를 지을 수 있다.[19]

화석 연료의 가공할 힘 덕분에 산업 혁명 이후 자본주의와 기술 문명은 비약적 발전을 맞았다. 《탄소 민주주의》를 쓴 정치학자 티머시 미첼Timothy Mitchell은 갑작스러운 기술의 발전과 식민지 확보를 통해 인류는 급격한 성장을 경험했으나, 19세기의 성장률 증가는 이전의 것과는 비교할 수 없을 정도였다고 말한다. 기술의 약진, 지구 표면의 더 많은 지역에 대한 통제가 지하의 탄소 저장고 발굴과 결합해 엄청난 시너지 효과를 낸 덕이다. 이전에는 급속한 성장을 이룬다 해도 한두 세대 정도 지속하고 말았지만, 인류가 전 세계의 화석 연료 저장고에 접근할 수 있게 되고 이를 급속히 고갈시키는 능력이 생긴 이후 21세기 초까지 200년 넘도록 기하급수적 성장을 이어갔다.[20] 인구 통계학자 토머스 맬서스Thomas Malthus는 1798년 《인구론》에서 어떤 수단을 동원하더라도 식량 공급이 인구 증가를 따라잡지 못할 것이며, 결국 대기근과 강제적인 인구 감축을 피할 수 없으리라는 암울한 예측을 내놓았다. 다행히도 맬서스의 비관론은 실현되지 않았고, 기술 발전으로 인류가 어떤 한계도 극복할 수 있다는 무한한 진보의 이상을 신봉하는 낙관주의자들에게 맬서스라는 이름은 조롱의 대상이 되었다. 그러나 《파티는 끝났다: 석유, 전쟁, 산업 사회의 운명The Party's Over: Oil, War and the Fate of Industrial Societies》을 쓴 리처드 하인버그Richard Heinberg는 맬서스의 예측이 틀린 것이 아니라고 주장한다. 과학 문명의 발전으로 한계를 극복한 것이 아니라, 근본적으로는 화석 연료에 힘입은 폭발적인 성장으로 맬서스가 예고한 파국을 넘어갈 수 있었다는 것이다. 그렇게 본다면 그의 불길한 예언은 빗나갔다기보다는, 실현될 시점이 화석 연료 덕분에 미루어진 셈이다.

파티가 끝나면 어김없이 청구서가 날아온다. 화석 연료를 태우느라 대기 중에 수천만 년간 축적된 탄소가 단기간에 배출되면서 인류는 지구 온난화라는 치명적인 결과를 얻게 됐다. 석유 산업이 시작된 1860년대부터 2010년까지 150년 동안 소비된 석유 중 절반이 넘는 양이 1980년 이후 30년간 연소됐다. 인류는 5억 년간 축적된 화석 연료를 겨우 몇 세대에 걸쳐 태워 버리면서 대기에 엄청난 양의 이산화 탄소를 배출해 왔다. 미국 대통령과학자문위원회는 1965년 인류가 이러한 에너지원을 다 써버리면서 "자신도 모르게 거대한 지구 물리학적 실험을 하고 있다"고 경고했다. 2021년 21차 IPCC 총회 평가 보고서는 1850년부터 진행된 인위적인 이산화 탄소 누적 배출량과 그에 따른 지구 온난화 사이에 관련성이 있다는 사실을 인정한다. 현재 매년 대기 중에 배출되는 온실가스의 양은 510억 톤에 달한다. IPCC는 2100년까지 지구 평균 온도 상승 폭을 1.5도 이내로 제한하기 위해서는 전 지구적으로 2030년까지 이산화 탄소 배출량을 2010년 대비 최소

45퍼센트 이상 감축해야 하고, 2050년경에는 탄소 중립Net-zero[21]을 달성해야 한다는 경로를 제시했다. 이를 위해서는 에너지, 토지, 도시 및 기반 시설(수송과 건물 포함)과 산업 시스템에서의 규모 측면에서 전례가 없는 빠르고 광범위한 전환이 필요하다고 말한다.[22] 게다가 땅속에 매장된 화석 연료의 양은 한정적이어서 언제까지나 파티가 계속될 수는 없다. 티머시 미첼은 지구 온난화 이외에도 석유로부터 또 다른 위기가 초래될 것이라고 말한다. 석유 공급이 석유가 고갈되는 속도를 따라잡지 못한다는 것이다. 인류세가 전체 지구 역사에서는 극히 짧은 시간에 지나지 않듯이, 그의 말대로 인류의 역사라는 관점에서 보면 화석 연료 시대는 막간에 불과할지 모른다.

석유 때문이지, 바보야

2015년 개봉한 영화 〈매드맥스: 분노의 도로〉는 얼핏 고철 덩어리 같지만 온갖 기묘한 모습으로 개조된 수십 대의 차량이 황량한 사막의 먼지구름 속을 달리며 화려한 액션을 펼치는 블록버스터 영화다. 우리나라에서도 약 400만 관객을 동원하며 큰 인기를 끌었다. 핵전쟁으로 문명이 붕괴해 법도 질서도 없는 디스토피아, 폭력과 피가 난무하는 세계에서 희소해진 자원을 틀어쥐고 폭정을 휘두르는 독재자, 그런 세계에서도 희망을 잃지 않고 변화를 만들어 내려는 저항 세력 등 영화를 이끄는 기본 구조는 포스트 아포칼립스 장르에서 흔하게 볼 수 있다. 줄거리 자체는 단순하지만 거칠게 사막을 질주하는 차량들과 그 위로 솟은 장대 끝에 매달린 배우들의 몸 사리지 않는 액션이 관객의 몰입도를 높였다.

이 단순해 보이는 영화의 세계관 핵심에 석유가 있다. 서두에서 주인공 '맥스'의 내레이션이 영화 속 세계를 간략하게 설명한다. "왜 사람들을 괴롭히지?"라는 맥스의 질문에 누군가 간단명료하게 대답한다. "석유 때문이지, 바보야It's oil, stupid!". 1992년 미국 대선에서 빌 클린턴 후보가 꽤 재미를 보았던 선거 구호 "문제는 경제야, 바보야It's the economy, stupid!"를 패러디한 것 같은 이 대사는 맥스가 "불이 타오르고 피가 난무한다"고 묘사한 이 지옥 같은 세계를 한 마디로 명쾌하게 요약한다. 정체 모를 남자의 말대로 그 세계는 석유 전쟁 중이며, 사람들은 석유를 놓고 서로를 죽이고 있다.

영화 속 바위 도시 시타델을 지배하는 잔인한 독재자 '임모탄'의 힘은 그가 독점한 석유와 물로부터 나온다. 가장 중요한 자원인 석유와 물이 고갈되고 온통 사막으로 변한 황폐한 세상에서는 이것들을 손에 넣은 자가 모든 것을 가질 수 있다. 시타델의 영웅이며 존경받는 사령관인 또 다른 주인공 '퓨리오사'의 책무는 거대한 석유 탱크를 매단 전투 트럭을 운전해 무기 농장과 가스 타운까지 사막을 횡단하는 것이다. 즉, 충분한 석유와 운전 실력이 생존 여부를 결정짓는 요소다. 어느 집단이나 공동체에도 소속되지 않고 외로운 늑대처럼 홀로 세상을 떠도는 맥스의 독립적인 삶 또한 이 두 가지를 갖췄을 때에만 가능한 것이다. 임모탄이 선심 쓰듯 물탱크의 밸브를 열자 물 한 방울이라도 더 얻겠다고 뛰어들어 아귀다툼하는 시타델 주민들의 모습은 핵전쟁 이후의 세계에서 그들이 가혹한 폭력만이 아니라 물자 부족으로 극심한 고통을 겪고 있음을 보여 준다.

영화 초반, 퓨리오사는 석유를 가지러 열띤 배웅을 받으며 시타델을 떠나지만, 사실 그녀가 향하는 목적지는 가스 타운이 아닌 그녀의 고향 '녹색의 땅'이었다. 전투 트럭에는 임모탄의 다섯 아내가 시타델을 탈출하기 위해 몰래 타고 있다. 퓨리오사가 시타델로 납치되어 끌려오기 전 어린 시절을 보낸 녹색의 땅은 시타델과는 대척점에 있는 세계다. 영화 속에서 자세히 설명되지는 않지만 '많은 어머니들'이 이끄는 곳이라는 점에서 여성을 오로지 자손을 얻기 위한 도구로 취급하는 임모탄의 가부장적 세계와 다른, 모성적 가치를 중시하는 자연 친화적 세계였으리라 짐작된다. 〈매드맥스〉는 일반적인 액션 영화와 달리 여성 인물들이 주도적인 역할을 한다는 점, 그리고 여성적 가치와 생태적 가치를 연결 짓는다는 점에서도 생태 여성주의적 세계관의 요소를 드러낸다.

이 세계관은 땅을 살아있는 '어머니 자연'으로 존중하고 숭배한다는 점에서, 땅을 마구잡이로 파헤쳐 인간에게 필요한 것들을 짜낼 수 있는 '죽은 자원'으로 보는 기계론적 세계관과 대척점에 있다. 페미니즘 이론가 캐럴린 머천트Carolyn Merchant는 17세기 이전까지 자연을 어머니 대지로 보는 유기론적 관점이 우세했으나, 과학 혁명 이후 근대 과학의 발전과 함께 자연을 기계적 이미지로 구성하는 문화적 전이가 일어났다고 설명한다. 어머니를 살육하고 몸을 절단하고 싶은 사람은 당연히 없을 것이다. 그러므로 살아있는 유기체이자 양육하는 어머니로서 지구의 이미지는 지구에 대한 과도한 개발과 착취를 제한하는 문화적 규제로 작용했다. 그러나 17세기에 자연 과학은 자연을 기계적 이미지로 인식함으로써 착취와 개발을 정당화하기 시작했다.[23] 석유든 석탄이든 인간에게 유용한 것이라면 어떤 수단을 써서라도 자연이 토해 내도록 만들어야 했다. 마치 암소 젖을 짜내듯 여자들로부터 모유를 짜내는 장면과 다섯 아내를 '내 소유물'이라고 주장하는 임모탄의 소유욕은, 끝을 모르는 인간 중심적 욕망이 세상을 파괴했음에도 시타델이 여전히 그러한 착취와 소유의 원칙을 기반으로 세워졌음을 보여 준다.

그러나 퓨리오사가 시타델에서 떠나온 날짜를 하루하

루 세면서, 꿈에 그리던 '녹색의 땅'은 자원 고갈을 견디지 못하고 이미 지상에서 사라진 지 오래였다. 수차례 죽을 고비를 넘기고 간신히 임모탄의 추적에서 벗어나 녹색의 땅을 지키는 비블리오족을 만났지만, 녹색의 땅은 물이 마르면서 까마귀 떼만 들끓는 폐허로 변했고 살아남아 그곳을 지키는 여자들은 채 열 명도 되지 않았다. 퓨리오사 일행은 자유는 얻었을지 몰라도 생존은 불확실한 위기에 처한다. 퓨리오사는 바이크를 타고 소금 사막을 건너 새로운 땅을 찾겠다는 계획을 세우지만, 결국 맥스의 설득에 따라 자신이 목숨을 걸고 탈출한 곳, 물과 석유가 있는 시타델로 돌아가기로 결심한다. 그녀가 꿈꾸는 유토피아는 회상 속에나 존재할 뿐이다. 현실의 세계에서 생존하려면 불확실한 유토피아를 쫓을 것이 아니라 출발했던 곳으로 되돌아가 그곳을 변혁해야 한다. 그것이 퓨리오사의 선택이었다.

〈매드맥스〉에서 디스토피아의 시작은 핵전쟁이다. 핵으로 인해 지구는 사람이 살 수 없는 죽음의 땅이 되었다. 코맥 매카시Cormac McCarthy의 소설《로드The Road》의 설정도 이와 유사하다. 핵전쟁이 일어나 방사능 낙진이 하늘을 가리면서 인간을 제외한 지상의 모든 동식물이 멸종한다. 간신히 살아남은 아버지와 아들은 석유 없는 세상에서 어렵게 구한 약간의 식료품과 생필품을 카트에 싣고 오직 두 발로만 이동해야 한다.《로드》에서 재앙의 원인은 기후 변화가 아님에도, 이 작품은 기후 변화 소설로 분류된다. 핵전쟁이 기상 이상을 초래하며, 이것이 이미 심각한 타격을 입은 인류를 더욱 치명적으로 멸망을 향해 몰아가기 때문이다. 〈매드맥스〉의 세계도 마찬가지다. 핵전쟁으로 복구할 수 없을 만큼 무너진 세계의 모습은 인류세에 인류의 생존에 있어 점점 위협적으로 변해 가는 세계의 극단적인 미래상이다. 석유만이 아니라 물 자원의 과도한 사용으로 이미 많은 나라가 심각한 물 부족에 시달리고 있고, 열대 우림의 무분별한 벌목으로 인해 무섭도록 빠르게 사막화가 진행되고 있다. 〈매드맥스〉나 《로드》와 같이 인류 문명이 붕괴된 이후의 세계를 그리는 포스트 아포칼립스 장르가 최근 유행하는 현상은, 점점 현실로 다가오는 파국을 감지하는 우리의 무의식 속 불안 때문인지도 모른다.

　　기후 변화를 가속화하는 화석 연료는 이러한 불길한 디스토피아가 현실화 될 가능성을 높이는 결정적 요소이다. 문제는 우리의 현대적 삶과 문명이 이 화석 연료에 너무도 많이 의존하고 있다는 점이다. 화석 연료가 제공한 막대한 에너지는 인간의 삶을 이전과 완전히 다른 모습으로 바꾸어 놓았다. 화석 연료가 가져온 변화는 기하급수적 경제 성장이나 기술 문명의 발전에만 국한되지 않고 정치적, 사회적 측면에도 전방위적인 영향을 끼치면서 인류의 삶 전체를 새로운 국면으로 진입시켰다. 사회학자 임레 세만Imre Szeman과 도미닉 보이어Dominic Boyer는 근대성을 형성한 강한 힘 중의 하나가 에너지라는 사실을 간과해서는 안 된다고 주장한다. 근대성의 경험에서 상품과 서비스의 증대와, 경제 성장은 모두 에너지 사용이 급격히 늘어난 결과이며, 근대와 연결되는 역량과 자유, 여가 시간, 이동성 모두 화석 연료 덕분이라는 것이다.[24] 미국의 사상가 랠프 월도 에머슨Ralph Waldo Emerson은 20세기 초반 노예제의 죄악으로부터 미국을 자유롭게 만들어 준 석탄의 힘을 찬양했다. 석탄의 힘이 노예 노동을 대체해 주었으므로 미국은 경제 성장을 포기하지 않고도 노예제를 폐지할 수 있었다. 레닌은 석유왕과 석유 주주들에 맞선 전쟁을 선포했지만, 그 이유는 그들이 충분한 양의 석유와 석탄 생산을 거부함으로써 노동 계급의 이익에 반하는 행동을 했다는 것이었다. 그에게 화석 연료는 농업 국가 러시아를 근대적인 공산주의 공업 국가로 나아갈 수 있게 해줄 동력이었다. 그렇기에 차크라바티는 "근대 자유의 집은 끝없이 팽창하는 화석 연료 사용을 기반으로 세워졌다"고 말했다.[25]

화석 연료는 증기 기관을 발전시켜 처음으로 농업 노동을 도시 공장으로 전환하는 조건을 마련했고, 이래서 대규모 제조업과 근대적 도시가 발전할 수 있었다. 티머시 미첼은 1859년 석유 자본주의가 도래하면서 강력한 자본주의적 재생산과 팽창이 이뤄졌다고 말한다. 석유로부터 우리가 아는 지금의 자본주의가 흘러나왔다는 것이다. 여기에는 최초의 거대 다국적 기업(스탠다드 오일, 듀퐁), 사적 운송 수단의 사회적 시스템(자동차, 항공기, 고속도로, 교외, 도시 내 게토화), 상대적으로 저렴한 소비성 상품에 접근하게 해준 환경과 노동 비용까지 모두 포함된다. 이처럼 석유와 자본은 불가분하게 얽혀 있어서 석유 화학 경제의 종말은 엄청난 재앙을 초래할 것이다. 그러므로 "화석 연료 없는 삶이 가능한가"라는 질문은 "자본주의 체제 바깥에서의 삶이 가능한가"라는 질문과 크게 다르지 않다. 과도한 탄소 배출로 인한 지구 온난화가 이제는 '온난화'라는 표현으로는 부족하고 '지구 가열global heating'로 바꾸어야 한다는 주장이 나오는 판인데도 탄소 배출을 줄이기 위한 확실한 조치가 실행되지 않는 가장 큰 이유는 석유 없는 삶을 상상하기 어렵기 때문일 것이다.

석유 자본주의의 딜레마

퓨리오사는 녹색의 땅이 사라졌음을 알게 된 뒤, 또 다른 유토피아를 찾아 나서기보다는 자신이 벗어났던 곳으로 되돌아가기로 선택한다. 지구 온난화의 심각성을 알지만 그렇다고 화석 연료를 포기할 수도 없는 우리의 딜레마가 떠오른다. 소금 사막 너머에 무엇이 있을지도 모르면서 무작정 향하는 것은,

핵전쟁으로 지구 생태계의 균형이 무너져 버린 현실을 부정하는 일종의 자살 행위가 될지 모른다. 퓨리오사는 구원이 기다리는 녹색의 땅은 지상 어디에도 없다는 현실을 냉정하게 받아들여야만 생존할 수 있다고 판단한다. 그는 떠나왔던 곳으로 다시 돌아가 독재자의 손에서 삶을 유지할 자원을 되찾아 오고 억눌린 사람들을 해방함으로써, 현실을 받아들이면서도 그 위에서 새로운 삶의 가능성을 찾으려 한다. 퓨리오사와 일행들이 목숨을 건 싸움 끝에 임모탄의 차에 그의 시체를 싣고 돌아와 시타델의 꼭대기로 올라갈 때, 소수의 특권층에게만 허락되던 리프트에 너나 할 것 없이 주민들이 올라탄다. 임모탄의 통제하에 있던 물탱크의 밸브를 열어 주민들에게 물을 뿌려 주는 장면은 이제 시타델이 더는 억압과 공포로 지배되는 세계가 아닐 것이라는 희망찬 미래를 암시한다.

그러나 퓨리오사는 바로 시타델의 석유와 물 때문에 돌아갈 수밖에 없었다. 〈매드맥스〉에서는 석유를 차지하기 위해 끝없는 살육이 펼쳐지지만 어쨌든 그 세계에는 석유가 있고, 석유 덕분에 그나마 생존이 유지된다. 석유를 어디서 구해 오는지, 핵전쟁 이전에 남은 여분을 아직 쓰고 있는 것인지, 만약 그렇다면 석유가 언젠가 완전히 고갈된 후에는 어떻게 될지, 그런 문제들에 대해서는 말이 없다. 석유가 완전히 사라진 《로드》의 세계는 〈매드맥스〉보다도 어둡고 참혹하다. 식량을 재배할 방법이 없으니 지하실이나 창고에 보관된 통조림 등 보존 식품을 뒤지는 수밖에 없고, 이마저도 거의 다 떨어져서 급기야 아이와 여자들부터 잡아먹는 약육강식의 세상이 된다. 핵전쟁 이후의 세계를 현실적으로 상상해 본다면 〈매드맥스〉보다는 《로드》의 세계에 가까울 것 같다. 퓨리오사가 임모탄보다 훨씬 나은 지도자가 되리라는 점은 의심하지 않는다. 그러나 아무리 그녀라도 어딘가에서 석유가 펑펑 솟아나는 유정을 뚫거나 수원지를 찾아내지 않는 한, 인심 좋게 물탱크 밸브를 아무 때고 열어줄 수는 없을 것이다. 결국 〈매드맥스〉의 세계는 훨씬 축소됐을 뿐, 여전히 석유라는 윤활유로 돌아가는 기존의 화석 연료 경제 체제의 연장선상에 있다.

시타델을 떠나 와서 맞는 첫 번째 밤, 퓨리오사 일행은 사막에서 밤하늘의 별을 바라보며 사라진 과거의 문명에 대한 추억에 잠긴다. 그때 쏘아 올린 인공위성들이 아직도 궤도를 돌면서 수신자 없는 전파를 발신하고 있을지도 모른다. 그들이 느끼는 감정은 잃어버린 현대 기술 문명에 대한 향수다. 그러한 기술 문명을 가능케 한 물질적 기반이 석유로 대표되는 화석 연료라는 점에서, 그들의 향수는 문학 비평가 스테파니 레메나거Stephanie LeManger의 용어를 빌어 '페트로멜랑콜리아petromelancholia'라고 할 수 있다. '멜랑콜리아'는 '우울증'을 뜻하지만 여기에서의 우울증은 석유로 인한 것이다. 레메나거는 페트로멜랑콜리아를 "전통적인 석유 자원에 대해 느끼는 슬픔과 그것으로 지속되는 기쁨"으로 정의한다. 페트로멜랑 콜리아는 석유 자원의 이용에 대해 느끼는 죄의식을 더해 줄 수는 있어도 반드시 이에 반대하는 행동으로 이어지지는 않 는다. 오히려 어떻게 해도 석유에 기반한 문화를 극복하기 어 렵다고 생각해서, 결국 이 장애물에 맞서 행동할 능력의 마비 로 귀결되는 경우가 더 많다.[26]

영화 내내 사막을 누비는 화려한 자동차들은 과거를 상 징하지도, 미래를 나타내지도 않고 영원한 현재의 계속이라 는 자본주의의 약속을 상기할 뿐이다. 그 약속은 결코 실현될 수 없고 현재 일어나고 있는 인류세의 재난으로 가득한 현실 과도 어긋난다는 점에서, 욕망으로 인간의 눈을 가리는 물신 이며 진정한 계시에 눈뜨지 못하게 막는 장애물로 기능한다. 임모탄과 그를 추종하는 워보이들은 물론, 맥스와 퓨리오사 조차도 종말의 의미가 석유와 전기로 지탱되는 세계가 끝났 다는 것임을 받아들이지 못한다. 상실을 거부하므로 적절한 애도를 할 수 없으며, 이는 화석 경제 체제 바깥의 미래를 상 상하기보다는 다시 본래의 체제로 복귀하는 결말로 끝난다. 영화는 장르물의 관습적 한계 안에 갇혀 삶의 조건 자체가 근 본적으로 변화하는 상황에서도 석유와 전기 없는 대안적 삶 을 상상하는 데 한계를 드러낸다.

기후 정의와 기후 부채

리처드 하인버그는《미래에서 온 편지》에서 기후 변화와 에너지 자원 고갈은 많은 문제들 중에서도 최우선 순위에 해당하며, 제각기 달라 보이는 문제들이 실은 화석 연료는 하나의 원인에서 기인한다고 주장한다. 하지만 밤이면 온 집안에 불을 환히 밝히고, 바깥 날씨가 덥건 춥건 늘 최적의 실내 온도를 유지하며, 식탁 가득 전 세계에서 배와 비행기로 운송된 음식들을 차려 놓는 생활을 포기할 마음이 없다면, 어떻게든 지금의 생산량만큼, 어쩌면 그 이상으로 전기 생산량을 유지해야만 한다. 그러니 전기를 포기하지 않고도 탄소 배출은 줄일 수 있다는 여러 대안이나, 자원 고갈은 그리 심각하게 걱정할 문제가 아니라는 일각의 주장들이 달콤하게 들릴 수밖에 없다.

석유가 곧 바닥을 드러낼 거라는 경고는 1972년《성장의 한계》가 출간되고, 마치 이 불길한 예언이 현실임을 보여주기라도 하듯 1973년 1차 오일 쇼크가 터지면서 사람들의 관심을 끌었다. 그러나 오일 쇼크의 충격이 가시고 다시 저유가가 지속되면서 이 경고는 곧 사람들의 머릿속에서 잊혔다. 그러다 2000년대 들어 피크 오일론이 제기되면서 되살아났다. 피크 오일peak oil은 세계의 석유 채취가 정점에 달하는 시기를 가리키며, 그 이후로는 전 세계 석유 사용 가능량이 감소

하리라 예상한다. 국제에너지기구IEA는 2006년 이미 재래식 석유는 생산량의 정점을 지났다고 했으나, 에너지 절약과 채굴 기술의 발달에 힘입어 고갈 시점을 조금씩 뒤로 미루며 화석 연료 체제는 생명을 연장하고 있다. 특히 미국에서 최근 대규모로 개발되는 셰일 가스의 영향이 컸다. 셰일 가스 덕분에 미국은 석유 고갈은커녕 산유국 지위로 올라서서 중동에 덜 의존할 수 있을 정도가 됐다. 하지만 셰일 가스는 화석 연료 경제를 조금 더 연장해 줄 수 있을 뿐, 근본적인 대안이 되지는 못한다. 셰일 가스는 모래와 물, 화학용품의 혼합물을 고압으로 분사해 퇴적암을 파쇄하는 공법으로 추출한다. 쉽게 말해 기존 석유는 우물에서 물을 퍼올리듯 석유를 퍼내는 식이지만, 셰일 가스는 바위에서 물을 짜내듯이 암석이 머금은 석유를 짜내야 한다. 당연히 채굴 비용이 훨씬 더 든다. 고유가 상황이 아닌 이상 셰일 가스는 경쟁력이 없다. 또 셰일 가스를 추출하는 과정에서 엄청난 양의 물이 사용되고, 화학용품 때문에 환경 오염이 유발되며, 지반 침하가 우려된다는 점 때문에 무조건 환영할 수만도 없다.

　　지금의 상황을 보면 탄소 감축 문제를 놓고 서로 다른 의견을 가진 양쪽이 마치 낭떠러지 끝에서 줄다리기를 하는 모양새다. 우리에게 허용된 탄소 예산은 빠르게 줄어들고 지구의 온도는 그만큼 빨리 상승한다. 하기 싫은 숙제를 미루고 미루다가 더는 미룰 수 없게 된 아이처럼 각국 정부들도 뭔가 조치를 취해야 할 상황이라는 사실은 인정하지만, 탄소 절감 대책을 요구하는 줄의 반대쪽 끝에는 강력한 화석 연료 기업들, 그리고 지금까지 그에 의존해 굴러갔던 화석 연료 자본주의 경제 체제, 그리고 화석 연료가 제공하는 이 모든 풍요와 안락을 포기하기 싫은 우리들의 욕망이 있다. 이 줄다리기가 팽팽하게 이어지는 한 실효성 있는 조치가 과감하게 취해질 가능성은 적다. 유엔환경계획UNEP이 발표한 〈2021년도 생산 격차 보고서〉에 따르면 중국, 미국, 영국, 러시아 등 주요 탄소 배출국 15개국이 향후 20년간 생산할 화석 연료는 지구 온난화 상승 폭을 1.5도로 제한하는 데 필요한 양의 110퍼센트에 달한다. 이를 의식하듯 2021년 10월 유엔기후변화협약UNFCCC 당사국 총회COP26의 핵심 의제는 화석 연료 감축이었지만, 실제 분위기는 영 미온적이었다. 세계 2위 석탄 수출국인 호주와 세계 최대 원유 수출국인 사우디아라비아는 2050년, 혹은 2060년까지 국내 이산화 탄소 순배출량을 제로로 만들겠다며 탄소 중립 선언에 동참하면서도 석탄 채굴과 수출은 이어가겠다거나, 원유와 가스 생산량 자체는 줄이지 않고 오히려 증산하겠다고 발표했다. 이처럼 대부분의 나라들이 서로 눈치만 볼 뿐, 손안 가득 사탕을 움켜쥐고 좁은 항아리 입구에서 손을 빼지 못하는 원숭이처럼 이러지도 저러지도 못하는 형국이다. 심지어 미국은 판데믹을 핑계로 슬그머니 석탄 채굴량을 늘리기까지 했다.

　화석 연료 감축 문제는 인류세의 문제 대부분이 그렇듯 사회, 정치, 경제 전반과 복잡하게 얽혀 있다. 역사적으로 미국과 유럽 등 선진국이 막대한 양의 화석 연료를 독점하다시피 했고, 지금도 제3 세계에 비해 엄청난 양을 사용하면서 그만큼 많은 탄소를 배출하고 있다는 점에서 화석 연료 문제는 '쓰는 사람 따로, 돈 내는 사람 따로'가 되기 쉽다. 현재 이산화 탄소 배출량 1위 국가는 중국이며 미국, 인도가 그 뒤를 따르고 있다.[27] 이렇게 보면 중국이 최악의 기후 악당인 것 같지만 1850년 이래 누적 배출량으로 따져보면 미국이 중국의 두 배에 가깝다.[28] 그리고 중국이나 인도 같은 제3 세계 국가들의 경우, 선진국들이 탄소 배출량이 많고 환경 오염이 심한 제조업들을 이 나라들로 이전함으로써 배출량이 늘어난 점도 고려해야 한다. 1인당 배출량으로 따져도 어느 나라가 이 문제에 가장 책임이 큰지는 달라진다. 미국 컨설팅 업체 로디움 그룹Rhodium Group에 따르면, 2019년을 기준으로 중국(인구 13억 9800만 명)의 1인당 평균 온실가스 배출량은 연간 10.1톤으로, 연간 17.6톤에 달한 미국(인구 3억 2800만 명)에 비해 현저히 적었다. 이러한 차이는 '미국적 생활 방식'에서 기인한다고 보아야 할 것이다. 국제 환경 협력 단체인 '기후 투명성Climate

Transparency'은 미국인들은 소득이 높아 더 많이 소비하고, 연료 소모가 큰 차를 보유하고 있으며, 중국인들에 비해 평균적으로 더 자주 비행기를 탄다고 2021년 보고서에서 밝혔다.

〈매드맥스〉에서 등장인물들 못지않게 눈길을 끄는 멋진 자동차들은 막대한 양의 화석 연료를 소비하고 탄소를 배출하는 미국 사회의 특성을 잘 보여 준다. 미국은 엄청난 면적의 국토를 가지고 있으면서도 유럽 등 다른 국가에 비해 철도망이 매우 빈약하다. 미국에서 여행하거나 생활하려면 자동차 운전은 필수다. 미국 문화에서 자동차는 다른 누구에게도 의존하지 않고 원하는 대로 이동할 수 있는 자유와 독립의 상징인 동시에, 〈위대한 개츠비〉에서 제이 개츠비가 타고 다니는 화려한 노란색 자동차처럼 자신의 부를 자랑할 수 있는 수단이기도 하다. '에너지 독립'을 중시하는 미국적 사고는 1970년대 석유 위기 이후, 저렴한 석유가 미국적 생활 방식에 필수 불가결한 요소이며, 석유 공급에 대한 위협은 미국 시민의 자유와 자립에 대한 위협이기도 하다는 공적 담론에 깊이 각인돼 있다.[29] 영화에서는 핵전쟁으로 지구가 멸망해도 멋진 자동차를 포기할 수 없는 미국인들의 광적인 집착이 엿보인다. 이처럼 에너지를 낭비하는 삶은 미국이 전 세계의 석유를 빨아들이듯 저렴한 가격으로 수입할 수 있었기 때문에 가능했다. 미국이 안정적인 석유 공급을 보장받기 위해 오랫동안 여러 가지 교묘한 방법으로 중동 정치에 개입해 왔음은 익히 알려진 사실이다. 2006년 1월 연두 교서에서 조지 부시 미국 대통령은 "미국은 석유에 중독되어 있다"라는 말까지 했다.

화석 연료의 혜택을 보지 못한 개발 도상국과 저개발국들이 화석 연료로 인한 기후 변화의 대가를 똑같이, 아니 어쩌면 더 혹독하게 치러야 하는 불공정한 상황을 막아야 한다는 문제의식에 따라, 최근 '기후 정의'에 대한 논의가 대두하고 있다. 기후 정의 논의는 15세기 '지리상의 발견Geographical Discoveries'이 시작되면서 유럽인이 아메리카 대륙으로 건너가 토착 문명을 멸망시킨 뒤 금과 은을 비롯한 자원을 착취하고, 토착민들을 노예로 끌고 왔던 시기부터 이미 구세계와 신세계 간의 불평등하고 불공정한 관계가 시작되었다는 데 주목한다. 제이슨 무어처럼 자본세를 주장하는 학자들은 산업 혁명보다는 이 시점을 인류에 의한 전면적인 지구 환경의 변화가 시작된 시기로 보고 있다. 이러한 인식에서 나온 개념이 1992년 칠레 정치생태학연구소가 제안한 '생태 부채Ecological debt'이다. 오늘날 선진국들의 발전은 제국주의 시대에 식민지의 생태 자원을 착취, 약탈한 덕이며 선진국들은 제3 세계가 진 금융 부채를 갚도록 요구할 것이 아니라 오히려 그들이 제3 세계에 빚을 갚아야 한다는 주장이다. 기후 문제도 이와 비슷하게 선진국들이 200년간 산업화를 위해 배출한 온실가스를 전 세계에 진 '기후 부채Climate debt'로 보고, 이에 책임질 것을 요구한다. 현실적으로 선진국들이 이러한 책임을 인정하고 수백 년간 쌓인 빚을 이제부터라도 열심히 갚겠다고 나설지는 알 수 없지만, 이러한 문제 제기는 적어도 환경 문제의 본질이 정치적, 역사적, 사회적 국면들과 깊이 얽혀 있으며, 그러한 사정을 고려하지 않고서는 근본적인 해결이 불가능하다는 사실을 일깨운다. 그래서 환경운동가 나오미 클라인Naomi Klein은 기후 변화를 신자유주의적 자본주의 세계 질서를 해체하고, '끝나지 않은 해방 사업'을 완수하려는 노력에 전 세계 사회 정의 세력을 결합할 기회로 보아야 한다고 주장한다.[30] 기후 변화 문제를 초래한 체제의 근본적 변혁 없이는 문제 해결이 불가능하다는 주장은 '기후 변화 말고 체제 변화System change, not climate change'라는 기후 정의 운동의 구호를 떠올리게 한다.

화석 연료 없는 삶은 고사하고 지금보다 전기를 적게 쓰는 삶을 나 자신부터 실천할 수 있을까? 사실 쉽지는 않다. 그러나 적어도 한 가지 기억해야 할 것은 우리가 직면한 문제들을 한 방에 깔끔하게 해결해 줄 마법의 지팡이는 없다는 사실이다. 그 어떤 신재생 에너지, 원자력 발전, 친환경 기술도 에너지 문제를 완전히 해결해 주지는 못한다. 석탄을 사용하는 화력 발전이나 원자력 발전을 대체할 태양열과 풍력 발전

등 신재생 에너지 사업이 독일과 영국 등 유럽을 중심으로 활발히 전개되며 어느 정도 성과를 거두고 있다. 2020년 유럽 연합에서 신재생 에너지로 전력을 얻는 비율이 38퍼센트에 이르며 화석 연료의 비율(37퍼센트)을 처음으로 앞질렀다. 유럽 국가들은 2050년까지 탄소 중립을 달성한다는 목표 아래 신재생 에너지가 전력 생산에서 차지하는 비율을 늘려 가고 있다. 그러나 신재생 에너지의 경우, 전력 공급의 불안정성이라는 치명적인 문제가 있다. 전기는 잠깐만 정전이 돼도 막대한 피해를 초래할 수 있기 때문에 안정적인 공급이 무엇보다도 중요한데, 햇빛이나 바람 같은 자연의 힘은 변수가 너무 많다. 2019년 미국 텍사스 주에서는 강력한 한파가 이 지역 풍력 발전 설비를 망가뜨려 풍력 터빈과 핵심 부품들이 꽁꽁 얼어버리는 바람에 약 400만 가구가 전력을 공급받지 못했다. 또한 유럽 풍력 발전은 북해에서 불어오는 거센 바람에 의존하는데, 2020년 바람이 너무 적게 불어 전기 공급이 제대로 되지 않아 어려움을 겪었다. 태양광 역시 실외에 설치해 태양을 마주 보게 해야 하는 시설이다 보니, 눈·비·강풍·산사태 등 자연 현상과 인간·동물의 공격에 노출되고 고장에 취약한 문제가 따른다.

그렇다 보니 신재생 에너지에 적극적이던 국가들도 슬금슬금 다시 화력 발전으로 회귀하는 조짐을 보이고 있다.

2020년 풍력 발전이 제대로 가동되지 않아 어려움을 겪은 유럽 국가들은 전체 전력 생산에서 석탄과 천연가스의 비중을 늘렸다. 빌 게이츠는 신재생 에너지의 이러한 문제점을 지적하면서 좀 더 안전하고 신뢰할 만한 대안으로 소규모 원자력 발전소 건설을 제안했다. 그가 보기에 소규모 원자력 발전소는 탄소 배출을 획기적으로 줄이면서도 지금 우리가 누리는 기술 문명의 혜택을 포기하지 않아도 되는 가장 현실적인 대안이다. 과학 기술로 돌파구를 찾을 수 있을 것이라는 빌 게이츠의 제안은 그가 개발 중인 '차세대 핵반응로'가 언제 실용화될지 확실치 않다는 점만 제외하면 의미가 있는 기술적 대안이며,《빌 게이츠, 기후 재앙을 피하는 법》에서[31] 탄소 감축을 위한 정부 정책의 중요성을 비중 있게 다뤘다는 측면에서, 그의 제안은 기술이나 시장에만 의존하지도 않는다.

그러나 이러한 기술적 해결책들이 현실적인 대안이 될 수 있다 하더라도, 근본적인 문제는 목마른 사람이 바닷물을 들이키듯, 욕망이 욕망을 부르고 소비가 더 많은 소비를 부추기는 자본주의의 구조에 있다. 지구로부터 최후의 한 방울까지 악착같이 짜내려 하는 욕망의 체제에 대한 반성적 성찰 없이는 유한한 자원은 그 시기가 언제가 되건 점점 고갈되어 갈 것이고, 우리가 현재에 눈멀어 미래 세대를 포함해 더 가난하고 취약한 사람들에게 넘기는 부채는 눈덩이처럼 불어날 것이다. 〈매드맥스〉의 결말에서 퓨리오사가 시타델을 접수했는데도 이 승리에 누구보다 큰 공을 세운 맥스는 그곳에 정착하지 않고 다시 어디론가 떠난다. 물론 맥스는 미국 문화에서 하나의 원형archetype이 된 황야의 방랑자이고, 그가 떠나는 것은 영화의 속편을 위한 암시이기도 하다. 그러나 한편으로 시타델은 새로운 미래라기보다는 여전히 구원을 기다려야 하는, 과거에 속한 세계이다. 맥스에게 아직도 황야를 방랑할 차와 석유가 있다는 것은 축복이라기보다 저주다.

최근 탄소 중립에 대한 세계 각국 정상들의 회담이 구체적인 행동이 아니라 말뿐인 선언으로 끝나는 것은 급격하고 전면적인 변화가 현실적으로 불가능하다는 주저 때문일 것이다. 정말로 그럴까? 타협 가능한 선까지 점진적으로 수용하는 온건한 변화만이 가능할까? 의외로 그렇지 않을 수도 있다. 과격하고 전면적인 변화가 가능하지 않다면, 그건 우리가 불가능하다고 믿기 때문일지도 모른다. 코로나19 사태는 우리가 '정상'이라고 굳게 믿어왔던 기본 원칙들이 완전히 바뀌는 '뉴 노멀New Normal의 시대'가 전혀 예상치 못했던 충격적인 방식으로 어느 날 갑자기 닥칠 수도 있다는 것을 입증했다. 공항이 텅 비고 학교와 직장에 가지 못하고 집에 갇혀서 인터넷으로 소통하는 세상을 누가 예상했을까? 우리는 하루아침에 도시 전체가 봉쇄되고 기업에 밀려 점차 역할이 축소되어 가던 작은 정부들이 막대한 예산을 풀면서 사태의 전면에 나서는 전례 없는 상황을 목도했다. 자영업자들이 문을 닫고 기업들이 경제 활동에 심각한 타격을 받아도 각국 정부들은 극단적인 봉쇄 조치를 단행했다. 환경 사상가 안드레아스 말름 Andreas Malm은 "기후 변화도 판데믹 못지않게, 아니 그 이상으로 심각한 인류의 위기인데, 왜 기후 변화는 이런 과격한 조치를 취할 근거가 되지 못한단 말인가"라고 질문한다.[32] 라투르는 코로나19 바이러스가 앞으로 다가올 지구 온난화와 경제 위기에 대한 일종의 예행연습이었다고 말했다.[33] 의학의 눈부신 발전으로 질병과 노화를 정복해 나가고 있다고 믿었던 인류를 괴롭히는 판데믹은 단순히 하나의 강력한 바이러스 출현으로 빚어진 사태가 아니다. 모든 것은 연결돼 있다. 그리고 그 연결 고리 안에는 당연히 화석 연료도 포함된다.

4

판데믹 이후의 세계 ;
《스테이션 일레븐》

2003년 개봉한 대니 보일 감독의 좀비 영화 〈28일 후-28 Days Later...〉는 텅 빈 영국 런던 시내 한복판을 넋 나간 듯 터벅터벅 걸어가는 한 남자의 모습으로 시작한다. 시민과 관광객으로 발 디딜 틈 없이 붐비던 국회의사당 앞 거리, 살아 있는 것이라곤 흔적조차 보이지 않고 휴지 조각만 날린다. 주인공 '짐'이 병원에서 혼수상태로 있던 사이, 인간의 폭력성을 극대화하는 '분노 바이러스'의 확산으로 대부분의 사람들이 좀비로 변해버린 것이다. 바이러스가 휩쓸고 간 세상의 스산하다 못해 불길한 모습은 오프닝 장면부터 충격으로 다가온다. 2021년, 우리는 세상의 종말을 연상시키는 장면들을 재난 영화가 아닌 뉴스를 통해 보았다. 인적이 끊어진 유럽 대도시의 유명 관광지들, 시체가 떠다니는 갠지스 강의 모습은 너무 낯설어서 도무지 현실 같지 않았다. 코로나19라는 생소한 이름을 처음 들었을 때만 해도 마스크 쓰기와 사회적 거리 두기가 삶의 새로운 규칙이 된 여름을 설마 두 번이나 맞으리라고는 아무도 상상하지 못했을 것이다. 이것이 적어도 우리가 꿈꾸고 기대했던 미래는 아니었다.

　이제껏 우리가 바라던 미래는 판데믹의 공포로 마비된 디스토피아적 세계가 아니라 과학 기술의 발달로 불가능이 현실이 되는 멋진 신세계였을 것이다. 나노 기술, 로봇 공학, 자율 주행 자동차, 사물 인터넷, 유전자 복제 ……. SF 소설이나 영화에서나 보았을 법한 첨단 과학 기술들은 4차 산업혁명을 통해 펼쳐질 무한한 가능성의 미래를 약속했다. 그러나 전 세계를 습격한 판데믹 앞에서 과학 기술은 기대한 만큼의 위력을 발휘해 주지 못했다. 대형 제약사들이 급히 개발한 백신 접종이 유럽과 미국을 비롯한 선진국을 중심으로 시작되면서 코로나19 종식에 대한 기대를 모았다가도 이제 좀 끝이 보일 만하면 밀려간 파도가 다시 몰아치듯 확진자가 다시 늘어났다. 모두의 소망대로 코로나19 바이러스로 인한 대규모 감염이 잦아든다 해도, 이미 많은 이들이 예감하고 있듯이 코로나19 이후의 삶의 모습은 이전과 똑같지 않을 것이다. 우리가 익숙하게 알아 온 세계는 이미 거대한 변화 속으로 진입했으며, 인류는 앞으로 점점 더 그 변화가 가속화되는 새로운 세계에서 살아가게 될 것이다.

인류세와 전염병

코로나19 바이러스가 언제, 어디에서 출현했는지는 아직 정확히 규명된 바는 없다. 2020년 3월 중국 우한의 야생 동물을 거래하는 한 시장에서 시작했다는 것이 일반적인 견해이고, 중국 실험실에서부터 퍼졌다는 설도 있지만, 그 무엇 하나 확실치는 않다. 비단 중국이 아니라 그 어디에서든 이미 변종 바이러스가 출현할 조건은 충분히 무르익어 있었다. 아프리카처럼 고립된 지역이 아닌, 전 세계를 대상으로 활발히 교역하는 중국에서 터졌기에 바이러스는 더 쉽게, 단시간에 전파될 수 있었을 것이다.

코로나19의 출현은 인류세에 일어난 지구 환경의 변화와 깊은 관련이 있다. 인간이 거주와 자원 채취, 식량 재배를 위해 무분별하게 자연을 개발하면서 야생 동물의 서식지가 크게 감소했고, 이는 인간과 야생 동물의 거주지 경계를 무너뜨리고 접촉을 늘려 인수 공통 전염병zoonosis의 발생이 증가하는 결과를 가져왔다. 울창한 열대 삼림이 벌목으로 사라지면 바이러스와 그 숙주인 야생 동물들이 나름대로 평화롭게 공존하며 살아가던 삶의 터전이 파괴되면서 심각한 결과가 초래된다. 숙주를 잃은 바이러스들은 새로운 숙주를 찾아 인간 세계로 침투해 올 수밖에 없다. 예전 같으면 서로의 활동 영역이 잘 겹치지 않는 박쥐와 인간이 만날 일이 드물었겠지만, 버젓이 도시 한복판 시장에서 박쥐 고기를 파는 세상에서는 얘기가 달라진다. 또 다양한 생물들이 어울려 사는 숲이 파괴되면 생물 다양성이 감소할 수밖에 없는데, 이것도 팬데믹의 발생 확률을 높이는 요인이 된다. 생물종이 풍부할 때는 감염 사태가 억제되는 희석 효과dilution effect가 작용한다. 특정 바이러스의 숙주가 될 수 있는 생물과 그렇지 않은 생물들이 다양하게 섞여 있으면 바이러스의 전파 속도가 늦춰진다. 생물 다양성의 고갈은 이러한 완충 지대를 제거해 인수 공통 감염병의 위험을 높이는 결과를 가져온다. 코로나19 이전에 유행했던 1997년 홍콩 조류 독감, 2009년 미국에서의 돼지 독감, 2012년 메르스, 서아프리카의 에볼라 바이러스 등 인수 공통 전염병이 잇따라 발병했던 것은 우연이 아니다. 인수 공통 전염병의 발병 빈도가 점차 늘어날 뿐만 아니라 그 주기도 짧아지고 있던 터라, 코로나19 사태 이전에 이미 많은 학자들이 대규모 판데믹의 발생을 우려했다.

판데믹은 숲의 파괴 이외에 기후 변화와도 관계가 깊다. 야생 동물들은 숲의 파괴로 생활 터전을 잃어 이동하기도 하지만, 지구 온난화 때문에도 살던 곳을 떠난다. 더위를 피해 전에 살지 않던 지역으로 이동하면서 지금껏 만난 적 없던 생물들과의 접촉이 증가하고 이로 인해 새로운 바이러스가 출현할 가능성은 더 커진다. 또 더운 지역일수록 바이러스가 더 빨리, 더 많이 증식하기 때문에 지구 온난화는 뎅기열, 말라리아, 콜레라 등 열대성 전염병이 퍼지기에 적합한 환경을 만든다. 국제 연구 공동체 랜싯 카운트다운Lancet Countdown이 지난 2021년 10월 20일 발표한 〈건강과 기후 변화에 대한 2021 랜싯 카운트다운 보고서: 건강한 미래를 위한 코드 레드〉에서는 "기후에 민감한 전염병은 전 세계적인 관심사가 되고 있으며, 모든 전염병의 전염에 대한 환경적 적합성이 증가하고 있다"고 분석했다. 지구 온난화로 극지방의 빙하가 녹으면서 페스트균과 같이 오래전 자취를 감췄던 치명적인 바이러스가 다시 출현할 수 있다는 경고마저 나오고 있다. 지구 온난화로 인한 전체적인 지구 환경의 변화는 이처럼 인간이 긴 세월에 걸쳐 생존을 위해 적응해 온 조건들을 파괴적인 수준으로 교란하고 있다.

판데믹 발생에 결정적으로 마지막 방아쇠를 당기는 또 하나의 요소는 전 지구적인 교통의 발전이다. 이렇게 숲이 사라진 자리에서 따듯해진 기온 덕분에 번성한 바이러스는 거의 하루 안에 전 세계 어디든 이동할 수 있게 해주는 촘촘한 교통망을 타고 기하급수적으로 퍼져 나간다. 판데믹의 역사는 사실상 교통수단의 발전 역사와 궤를 같이한다고 해도 좋을 정도다. 안드레아스 말름은 "초기 근대의 감염병 역사는 상업 자본의 잉크로 집필됐다"고 말한다. 범선을 타고 몇 달이 걸려 대양을 건너는 항해에서는 감염병 환자들이 살아남을 수 없었지만, 산업 혁명 이후 등장한 증기선은 환자와 바이러스를 싣고 며칠 만에 대양을 횡단했다. 20세기 초반 악명을 떨친 스페인 독감은 식민지 사업을 위해 건설된 교통망을 타고 전 세계로 퍼져 '증기 기관이 운행한 판데믹'이라는 표현이 나왔을 정도였다. 당시 스페인 독감은 일제 강점기의 조선까지 퍼져서 막대한 피해를 냈다. 이제 항공기를 탄 감염자는 잠복기가 끝나 증상이 발현하기도 전에 전 세계 끝에서 끝까지 이동할 수 있다.

이처럼 판데믹은 단지 바이러스의 출현이라는 의학적 사건에 국한되지 않고 정치적, 사회적, 문화적, 경제적 요인들이 복잡하게 작용한다. 도시화와 인구 과밀로 인한 숲의 파괴, 교통망의 발달, 그리고 기후 변화는 모든 가용 자원을 최대한 빨아들여 더 빠른 속도로 시장에 내다 팔 상품으로 가공, 유통시키려는 자본의 힘에 의해 가속화된다. '지구의 허파'로 불리는 아마존 열대 우림의 60퍼센트가 분포한 브라질의 경우, 우파 정치인 자이르 보우소나루Jair Messias Bolsonaro가 정권을 잡고 개발 우선 정책을 펼치면서 무차별적으로 숲이 파괴되고 있다. 2014년 기니에서 시작된 에볼라 전염병의 확산 원인은 대규모 단일 경작 방식의 팜유 산업으로 과일 박쥐의 은신처가 파괴됐기 때문이었다. 전염병 학자 에릭 소디코프Eric Sodicoff의 연구는 2010년대 초반 마다가스카르의 광견병 확산이 2009년 쿠데타 이후 광산 채굴과 벌목 붐으로 인한 열대 우림 파괴가 그 배경에 자리하고 있음을 보여 줬다. 숲의 파괴로 주민들의 삶은 불안정해지고 섬의 인프라, 보건 서비스, 위생 상태가 총체적으로 악화하면서 사회적 불안이 가속화됐다. 이렇게 급속히 변해 가는 생태계와 기후 조건에서 사람, 동물, 곤충, 미생물이 다양하게 얽힌 상호 관계가 파괴적인 양상으로 돌입하며 나타난 하나의 증후가 광견병 유행이었다. 인류세의 여러 문제와 마찬가지로, 백신이나 치료제를 통한 바이러스의 퇴치라는 단편적인 접근으로는 세계의 총체적 파국을 감당하기 어렵다.

파괴 뒤에 남은 고요한 세상

우리가 알던 세상이 어느 날 갑자기 끝나 버린다면 무엇이 남을까? 에밀리 세인트존 멘델의 소설 《스테이션 일레븐》은 어느 날 갑자기 전 세계를 덮친 가상의 판데믹 '조지아 독감'으로 전 세계 인구의 99.9퍼센트가 사망한다는 설정으로, 인간이 사라진 세상을 쓸쓸하지만 아름답게 그려 낸다. 치명률이너무 높고 전파 속도도 걷잡을 수 없이 빨라서 백신이고 치료제고 대응해 볼 틈도 없이 불과 몇 주 사이에 인류는 절멸 직전까지 간다. 소설은 눈 내리는 평온한 연말의 어느 하루, 캐나다 몬트리올의 한 극장에서 연극 〈리어왕〉의 막이 오르면서 시작하지만, 같은 시간 머나먼 미지의 나라 조지아에서 출현한 치명적인 바이러스는 이미 비행기를 타고 캐나다로 들어온 상태였다. 다시 말해 극장 안의 관객 대부분이 죽음까지 길어야 몇 주를 넘기지 못할 운명이었다. 리어왕의 딸로 무대에 섰던 아역 배우 커스틴 레이몬드는 판데믹에서 살아남아 문명이 붕괴하고 20년 후, 어느 유랑 극단의 배우로 살아간다. TV도, 인터넷도, 극장도 없는 세상이지만 여전히 유랑 극단 단원들은 단출한 살림살이와 악기, 연극용 소도구들을 마차에 싣고 종말 이후의 세상을 떠돌며 소수의 생존자들을 위해 셰익스피어 극을 공연한다. 그들의 마차에는 "생존만으로는 충분치 않다"라는 〈스타워즈〉의 대사가 페인트로 쓰여 있다. 조명도, 무대 장치도 없이 단원들이 폐허를 뒤져서 대충 수선한 의상을 입고 올리는 공연이지만, 사람들은 옹기종기 모여 모처럼의 공연을 즐기며 진지하게 과거 세계의 추억에 잠긴다.

《스테이션 일레븐》은 〈로드〉나 〈매드맥스〉처럼 문명이 붕괴한 이후 세상을 그리는 포스트 아포칼립스 장르물이지만, 문명 붕괴 후 20년이 지나 극단적인 폭력과 유혈 사태는 웬만큼 진정됐다는 설정 위에서 진행되기 때문에 분위기는 완전히 다르다. 그 세계는 살기 위해 아귀다툼을 벌이는 약육강식의 지옥이 아니라, 문명의 혜택 없이 많은 불편과 위험을 감수해야 하지만 손수 텃밭을 가꾸어 먹거리를 해결하고 자동차 대신 마차로 이동하는 평화롭고 서정적인 세계다. 국가도, 국경도 사라졌지만 사람들은 소규모 공동체를 이뤄 서로 도우며 살아간다. 도시의 불빛이 사라진 자리를 별빛으로 대신 채운 밤하늘이 그렇듯, 인간이 사라진 세상은 쓸쓸하고 적막하지만 고요하고 아름답다. 패션 잡지, 용도를 알 수 없는 유리 문진, 오래전 작동을 멈춘 시계처럼 쓸모를 잃어버린 과거 문명의 유물들은 생존에 필요한 최소한의 것도 구하기 힘든 희소성의 세계에서 순수한 아름다움으로 매혹한다. 시간이 지나면 나쁜 기억은 잊히고 추억만 남듯이, 과거의 세계는 아직도 그 세상에 대한 기억을 간직한 이들에게 아스라한 향수의 대상이 된다. 유랑 극단이 공연하는 셰익스피어 극은 과거의 세상이 남긴 '가장 좋았던 것'의 상징이다.

하지만 코로나19 사태에서 보듯이, 현실에서 팬데믹이 발생하고 진행되는 과정은 소설의 그것과 꽤 다르다. 실제로는 치사율이 높은 바이러스일수록 감염된 숙주가 빨리 죽음에 이르기 때문에 전파력은 낮다. 바이러스의 입장에서는 숙주를 최대한 오래 살려 두어 다른 사람들과의 접촉을 늘리는 것이 더 효율적인 생존 전략이다. 코로나19 바이러스의 전 세계 치명률은 지역, 인구 집단의 연령 구조, 감염 상태 및 기타 요인에 따라 다양하지만 0.1에서 25퍼센트까지다. 문제는 치명률이 높은 것보다 전파 속도가 엄청나게 빠르다는 것이다. 단시간에 많은 사람을 감염시키기 때문에 치명률 자체는 낮더라도 일정 수준에 도달하면 사망자 숫자가 폭증하게 된다. 그러나 소설에서는 조지아 독감이 "마치 핵폭탄이 터지듯" 급속히 확산하여 단기간에 인류를 쓸어 버렸다고 말한다. 이러한 전개는 재난을 극적으로 재현하려는 장르 소설의 특성에서 기인한다. 그러다 보니 조지아에서 첫 환자가 발병했다는 것 이외에는 발생 원인도, 대처 방법도, 이 병에 대해서는 아무것도 끝까지 밝혀지지 않은 채로 남는다. 판데믹의 발생과 확산 원인을 설명하지 않음으로써 지진이나 화산 폭발 같은 자연재해처럼 인간의 힘과는 전혀 무관한 자연 발생적 사건으로 보이게 된다. 현실의 판데믹은 정치적, 사회적 요인들이 복잡하게 얽혀 작용하는 인류세적 사건이지만,《스테이션 일레븐》에서 판데믹을 재현하는 방식은 인간과 인간이 구축한 현대 문명을 이 불가항력적 재난에 대한 책임에서 면제시킨다. 판데믹은 발생과 전파 과정에서 사회적, 정치적 요소들이 표백된 채 단순히 인류의 멸망과 문명 붕괴를 가져오는 자연적 사건으로만 이용되고 있으므로 사람들은 파국을 초래했다는 죄책감과 부채 의식으로부터 자유로울 수 있다.

그렇기에 《스테이션 일레븐》의 인물들은 과거의 문명을 그리워하고 향수에 잠긴다. 커스틴은 문명 붕괴 직후 극심한 혼란을 겪으면서 생긴 트라우마로 이전 시기의 기억은 모두 잃어버렸지만, 이전 세상에서 보았던 비행기, 냉장고, 컴퓨터 등 문명의 산물들만큼은 희미하게나마 기억하고 있다. 세상을 움직이는 힘이었던 전기의 마법 같은 힘을 꿈속에서도 잊지 못 한다. 출장에서 돌아오던 중 판데믹으로 더 이상의 비행이 불가능해지면서, 세번 시티Severn city 공항에 세 번 간 불시

착하게 된 경영 컨설턴트 클라크는 아무도 자신들을 구하러 오지 않으리라는 사실이 확실해지자 승객들과 공항을 새로운 집 삼아 문명 붕괴 이후의 삶을 일구어 나간다. 그는 아이폰, 신용 카드, 시계, 닌텐도 게임기 등 더는 쓸모가 없어진 문명의 유품들을 진열장에 모아 놓고 '문명의 박물관'이라고 이름 붙인다. 커스틴과 클라크를 비롯한 생존자들이 그리워하는 과거의 문명이란 과학 기술에 기반한 현대 문명이다. 그러한 과학 기술의 발전과 문명의 진보를 가능케 한 원동력은 화석 연료였고, 마법의 원천은 전기였다. 소설은 커스틴이 세번 시티에서 전깃불이 빛나는 마을을 발견하고 그곳을 찾아 유랑 극단 일행과 떠나는 것으로 끝맺는다. 누구인지 모르지만 전기를 사용하는 사람이 있다는 사실은 문명의 부활에 대한 가장 강력한 상징이다. 《스테이션 일레븐》은 여전히 석유가 남아 있고 석유를 놓고 싸우는 〈매드 맥스〉의 세계를 지나쳐 더 멀리까지 갔지만, 그 세계는 여전히 과거의 그림자 속에 있다.

역병에 의해 정의된 자들

《스테이션 일레븐》과 같은 포스트 아포칼립스물에는 반드시 인류를 절멸 직전까지 몰고 가는 대재앙이 등장하지만, 인류가 완전히 사라지지는 않으며 종말 자체가 관심사도 아니다. 아포칼립스의 어원인 그리스어 'apokalupten'이 'to reveal', 'to uncover'를 뜻한다는 사실에서 알 수 있듯이, 멸망은 파괴만이 아니라 계시의 순간이기도 하다. 그런 점에서 포스트 아포칼립스 장르에서 정말로 중요한 것은 재난 자체가 아니라 재난 이후의 삶이다. 인류가 종말에 가까운 재난을 겪더라도 정말로 절멸하지는 않으며, 재난 이후 남은 것들에 대해 이야기한다는 것이 포스트 아포칼립스 장르의 역설이다. 《스테이션 일레븐》은 판데믹의 근본적 원인과 우리가 직면한 위기의 뿌리를 드러내고 성찰하는 데에는 한계를 보였지만, 파국 이후 인류가 어떻게, 무엇을 위해 생존해야 할 것인가를 탐색하고 새로운 대안적 세계를 상상한다.

《스테이션 일레븐》의 생존자들을 괴롭히는 것 중 하나는 왜 이런 대재앙이 인류를 덮쳤는지, 그리고 왜 누구는 죽고 누구는 살아남았는지 이유를 알 수 없다는 것이다. 소설 속 유일한 악인이라 할 수 있는 타일러가 바로 이러한 근원적인 질문에 대한 답을 찾으려다가 어둠 속으로 빠져드는 인물이다. 그는 '예언자'를 자청하며 광신도 집단을 이끌고 여러 마을을 폭력으로 지배한다. 그는 20년 전 어머니 엘리자베스와 함께 세번 시티에 발이 묶였던 여행객들 중 한 명이었다. 어머니로부터 엄격한 성경 교육을 받은 타일러는 성경을 글자 그대로 받아들여 기독교 교리에 따라 판데믹과 문명의 붕괴라는 불가해한 사건을 이해하고 수용하려 한다. 그는 '죄에는 반드시 벌이 따르며, 결국은 신의 정의가 실현된다'는 인과 법칙을 세계를 해석하는 절대적인 틀로 받아들인다.

공항에는 클라크 일행이 착륙하고 얼마 후 불시착한 비행기 한 대가 더 있었다. 그러나 공항 측에서는 비행기 안에 감염자가 섞여 있을지도 모른다는 우려에 비행기 문을 열지 않고 그대로 폐쇄해 두기로 결정한다. 문명이 붕괴하고 20년이 지나도록 그 비행기는 아무도 차마 열어 볼 엄두를 내지 못하고 그대로 그 자리에 방치되어 있다. 어느 날 클라크는 어린 타일러가 비행기를 향해 요한 계시록의 한 대목을 큰 소리로 낭독하는 장면을 목격한다. 깜짝 놀란 클라크에게 타일러는 "모든 일에는 이유가 있다"는 어머니의 말을 반복하면서 죽은 사람들은 '약한 자들'이고 우리 생존자들은 '선한 자들'이기 때문에 신의 선택을 받았다고 주장한다. 클라크는 그 모습에 섬뜩함을 느끼고 그의 어머니를 찾아가 사람들의 죽음은 치명적인 변형 독감에 걸렸기 때문일 뿐이며 타일러의 믿음처럼 신의 판결과는 아무런 연관도 없다고 설득하려 한다. 그러나 엘리자베스는 아들에게 그릇된 종교적 신념을 심어 줬다는 것을 인정하지 않는다.

"모든 일에는 반드시 이유가 있다"는 엘리자베스의 믿음은 불가해한 사건들에 인과적 질서를 부여함으로써 이를 인간의 관점에서 이해할 수 있는 이야기로 바꾸려는 인간 중심적 욕망일 뿐이다. 클라크는 비행기 안에서 죽어간 사람들에 대해 "운 나쁘게 잘못된 때에, 잘못된 장소에 있었을 뿐"이라고 생각한다. 그들의 죽음과 나의 삶을 가른 것은 죄의 유무나 신에 대한 믿음 따위가 아니라 우연일 뿐이다. 판데믹, 지구 온난화, 기후 재앙 등 인류세의 사건들은 그 규모 면에서 인간의 인식과 지각의 범위를 초월한다. 인간의 기준으로는 전모를 파악할 수도 없고, 복잡한 상호 영향 관계를 인과적으로 다 이해할 수 없다. 우리가 통제할 수 있다고 믿었던 범위를 넘어 인간을 압도하는 비인간 세계의 힘이 있으며, 인간의 앎이 미치지 않고 인과 관계로 깔끔하게 정리되지 않는 무지의 영역도 존재한다. 우리는 모두 절대적 필연이 아닌 상대적 우연에 노출된 취약한 존재들이며, 이러한 사실을 받아들인다면 우리는 공통의 운명에 속한 존재들이라는 연대 의식으로 이어질 수 있다.

클라크는 판데믹 초기, 공항에서 노숙하며 텔레비전 뉴스에 귀를 기울이다 문득 공항의 승객들 모두가 사랑하는 사람들을 잃은 처지일 것이라는 데 생각이 미친다. 클라크는 생면부지의 승객들에게 애정을 느끼고 그들을 '동포'라 부른다. 다 같이 재난에 휩쓸려 앞날을 알 수 없는 위태로운 처지라는 유대감이 그들을 한배에 탄 운명 공동체로 만드는 토대가 된다. 재난 앞의 이러한 연대 의식은 유랑 극단이 셰익스피어 극을 공연하는 이유에서도 드러난다. 단원들 중에는 "왜 지금 우리의 이야기를 하지 않고 수백 년 전 연극을 고집하느냐"며 불만을 가진 사람도 있다. 그러나 단장인 디터는 셰익스피어의 삶이 현재 그들의 삶처럼 '역병에 찌든 삶'이었다고 말한다. 셰익스피어 자신이 역병에 걸렸다는 기록은 없다. 그러나 역병으로 형제와 자식을 잃었고 몇 년을 주기로 역병 때문에 극장 문을 닫기를 반복해야 했다는 점에서, 디터는 그가 "역병에 의해 정의된 자"였다고 말한다. 《스테이션 일레븐》에서 유랑 극단이 공연하는 〈한여름 밤의 꿈〉은 런던의 극장들이 역병으로 두 시즌을 건너뛴 후 다시 문을 연 1594년, 혹은 셰익스피어의 외아들이 역병으로 죽기 1년 전인 1595년에 쓰였다. 분명 역병은 그의 삶과 존재를 정의하고 제한하며 영향을 준 중요한 요소였을 것이다. 역병이라는 요소를 통해 셰익스피어와 문명 이후 생존자들은 수백 년의 시간을 뛰어넘어 '통제할 수도, 완전히 이해할 수도 없는 무언가'에 의해 정의되는 불완전하고 취약한 존재라는 인간의 조건을 공유하게 된다.

"역병에 의해 정의된다"는 디터의 말은, 인간을 합리적 이성으로 자연을 통제하고 지배하는 주체가 아니라 '지구에 묶인 자'로 보는 브뤼노 라투르의 시선과 비슷하게 인류세의 인간 존재에 대한 통찰을 기반으로 한다. 바이러스의 침입을 완전히 차단하고 이를 정복할 수 있다는 인간의 믿음은 바이러스를 우리와 분리된 외부의 적으로 돌리고 바이러스와의 전쟁을 선포하게 했다. 실제로 판데믹과 관련된 용어와 표현들 속에는 전쟁의 비유가 만연해 있다. 미국 정부의 코로나19 백신 개발 프로그램 '속도전'의 최고 운영 책임자인 구스타프 퍼나Gustave F. Perna 육군 대장은 2020년 12월 백신 배포를 앞두고 "디데이D-Day가 시작됐다"고 말했다. 제2차 세계 대전 당시 연합군의 노르망디 상륙 작전 실행일을 '디데이'라 불렀던 것에 비유하여, 인류가 코로나19와의 전쟁에서 백신 접종으로 역습에 나선다는 의미였다. 그러나 진화의 역사에서 바이러스는 늘 인간과 공생해 왔고, 언제나 우리의 일부였다. 인간의 진화는 자연 선택과 적자생존의 법칙에 따라서가 아니라 동물, 식물, 미생물을 비롯한 모든 비인간적 존재들과 공생함으로써 가능했다. 한 예로, 세포 속의 미토콘드리아는 원래 20억 년 전에는 독립된 세포였지만 다른 세포에게 잡아먹히게 된다. 그런데 미토콘드리아는 산소로 호흡해 에너지를 만들어 낼 수 있는 박테리아였기 때문에, 이것을 잡아먹은 세포가 그 에너지를 이용하면서 둘은 서로 의존하게 되었다. 그 결과 두 개의 세포가 하나의 개체 세포로 진화하는 세포 내 공생 관계가 만들어졌다. 이처럼 인간은 경계 바깥의 다른 존재들과 소통하고 상호 의존하며 공진화共進化해 왔다. 최근 부상하는 학문 분야인 '다종 민족지학multispecies ethnography'은 인간과 비인간 타자들이 시간이 흐르면서 상호 얽힘 속에서 서로를 지금의 존재로 만들어 왔음을 전제로 하고, 그 위에서 인간이 어떻게 다양한 식물, 동물, 균류, 미생물과의 조우 속에서 형성되고 변형돼 왔는지 탐색한다. 2012년 미국 국립보건국이 수행한 '인간 미생물 군집체 프로젝트Human Microbiome Project'는 인간 몸 안의 미생물 수가 인간 세포 수보다 많다는 연구 결과를 내놓았다. 미생물이 곧 우리 자신이며, 우리의 존재에 더 책임이 있다는 것이다. 특정 미생물 군집은 우리의 기분, 행동, 인격에까지 영향을 줄 수 있다. 이러한 연구 결과들은 인간의 몸이 외부로부터 밀봉된 것이 아니라, 인간과 외부 환경을 나누는 경계에 무수히 많은 구멍이 있으며 유동적이고 매 순간 변화한다는 것을 보여 준다.

오랫동안 서구 문명은 한 개인의 자아를 외부로부터 독립돼 있고, 스스로 자율성을 행사할 수 있는 하나의 온전한 개체로 봤다. 그렇기에 내가 스스로 사유하고 판단하고 행동할 수 있는 자유는 한 인간을 온전한 인격체이자 주체로 인정하는 가장 중요한 요소였다. 가령 미국과 유럽에서 마스크 착용이나 백신 접종을 거부할 권리를 개인의 자유로 인정해야 한다는 주장이 나오는 것은 이러한 자율적이고 독립적인 주체에 대한 신념에 근거한다. 내 몸은 온전히 나에게 속한 것이고, 마스크를 쓸지 백신을 맞을지는 어디까지나 자유로운 개인으로서 내가 결정할 문제이지 국가가 간섭할 일이 아니라는 것이다. 그러나 한 개인의 경계는 어디까지일까? 앞에서 보았듯이 현대 생물학의 연구 성과들은 우리 몸이 외부 환경으로부터 완전히 차단돼 있지 않으며, 끊임없이 상호 작용 및 구성한다는 사실을 보여 준다. 이는 인간 주체가 외부 환경의 영향으로부터 독립된 자율적인 개체라고 보는 전통적인 주체 개념에 의문을 제기한다. 인간 주체성은 생태 비평가 스테이시 앨라이모Stacy Alaimo의 표현대로 나 아닌 다른 것들과 함께 구성되는 '상호 주체성intersubjectivity'이며, 내 몸을 가로지르는 세계와 공존하는 '횡단 주체성trans-subjectivity'이다. 나의 일부는 언제나 외부와 구분할 수 없이 얽혀 있고 외부 요소에 의해 구성된다. 즉, 내 몸을 내 자유 의지로 통제할 수 없으며, 내 의도와는 무관하게 나는 무수히 많은 바이러스와 세균들을 운반하는 숙주로 기능한다. 주체로서 내가 나 자신에 대한 온전한 주권을 갖고 있지 않으며, 나의 모든 행동의 결과를 통제하고 책임질 수 없다는 사실을 인정하는 것은 곧 우리가 인간과 비인간들로 이루어진 광대한 네트워크의 일부임을 받아들이는 것이다. 그 네트워크 속에서 우리를 둘러싼 맥락이 변하면 우리 자신의 존재도 변화한다. 나의 안전과 건강은 필연적으로 다른 이들, 더 나아가 나를 둘러싼 전체 세계의 건강과 연결된다. 병든 세상에서 혼자만 건강할 수 있는 인간은 없다.

　　서로를 위협하는 동시에 서로를 보호해야 한다는 점에서, 우리는 위험과 안전을 공유한다. 우리나라에서는 2021년부터 불법 체류 외국인들에게도 비자 확인 없이 무료로 코로나19 검사를 시행했다. 왜 불법 체류자들에게 세금을 낭비하느냐는 반대 여론도 있었지만, 싱가포르에서는 기숙사에 공동 거주하던 이민자들 사이에 코로나19 감염이 폭증한 사례가 있었다. 불법 체류 사실이 드러날까 두려워 검사를 기피하는 이들이 생기며 방역에 구멍이 뚫린 것이다. 코로나19 무료 검사 및 백신 접종은 가난한 자들에게 마음 내키면 베풀 수 있는 선택적 시혜가 아니라 우리 모두의 안전을 위한 필수적 조치다. 고립을 선택한다고 감염을 완벽히 차단할 수는 없으며, 어떻게 해도 나 혼자만 안전할 수 있는 방법은 없다. 내 존재는 세계 속에서 다른 모든 것들과 연결되어 있으며, 동시에 세계를 구성하는 일부이기도 하기 때문이다.

바이러스와 더불어 살아가기

인간은 과학의 발전에도 불구하고 여전히 우리 아닌 다른 무언가에 의해 규정될 수밖에 없으며, 또 더 큰 물질적 세계로 열려 있고 온갖 물질과 비인간을 포함한 다른 행위자들에 의해 관통되는 존재다. 이러한 인간의 한계에 대한 인식이 비극적으로 느껴질 수도 있지만, 그러한 유한함은 시간의 흐름에 따라 필연적으로 죽음에 가까워지는 존재로서의 인간에 대한 연민과 공감을 일으킨다. 즉, 인간의 무방비함은 주변 세계와의 상호 공존을 추구하는 윤리적이고 정치적인 행동의 기반이 될 수도 있다.《스테이션 일레븐》은 생존의 동력을 폭력에 의존한 투쟁보다는 공존과 연대에서 찾고 있으며, 그런 점에서 공동체의 역할이 무엇보다 중요하게 부각된다. 유랑 극단 단원들이 서로 모든 면에서 뜻이 맞는 것은 아니다. 생존을 위해 늘 주변을 경계하고 열악한 환경 속에서 이동하며 살다 보면 갈등이 끊이지 않는다. '타인은 지옥이다'라는 말을 실감할 정도로 때로는 서로의 관계가 버겁다. 하지만 함께하지 않으면 이 위기를 넘길 수 없으며, 각자의 생존이 서로에게 달려 있음을 잘 알고 있기에 공생의 관계를 이어갈 수 있다. 세번 시티는 포스트 아포칼립스 공동체가 보여 줄 수 있는 가장 이상적인 모습일 것이다. 공항의 조난자들은 변화한 상황에 놀라울 정도로 빨리 적응해 나간다. 세계 각국에서 온 여행자들은 서로에게 자신의 언어를 가르쳐 준다. 어느새 공항은 그들이 '집'이라 부르고 안도감을 느낄 수 있는 유일한 공간이 된다. 그곳에는 '예언자' 같은 지배자도 없고, 자체적으로 치안을 유지하며 밭을 갈아 자급자족하며 병자를 치료하고 아이들을 교육하는 기본적인 시스템이 갖추어져 있다. 나약하지만 그렇기에 서로 의존해야 살아갈 수 있는 인간 존재에 대한 포용적인 시각은 유일한 악한, 타일러에게조차 적용된다. 커스틴은 타일러가 아마도 자신은 너무 버거워서 잊어버린 과거의 참상들을 기억하기 때문에 망가져 버렸으리라 짐작한다. 즉, 그에게 타일러는 타고난 악인이 아니라, 망가진 세계가 만들어 낸 비극적 인물이다.

세번 시티 주민들과 유랑 극단이 보여 주는 인간 존재의 취약성에 대한 새로운 이해와 연대 의식이 판데믹 이후의 세계를 긍정적으로 변화시킬 단초가 될 수 있을지는 불확실하다. 이를 믿기에는 과거의 '좋았던 세상'이 진짜로 좋은 세상이었다는 순진무구한 믿음과 그 세상으로 회귀하고 싶은 욕망이 너무나 강하기 때문이다. 그러나 슬라보예 지젝Slavoj Zizek과 같은 일부 철학자들은 판데믹이 전 지구적 연대와 협력에 우리 모두와 개개인의 생존에 대한 이해관계가 걸려 있음을 증명함으로써 브레이크 없이 내달리던 자유 시장식 지구화에 제동을 거는 계기가 될 수 있다고 기대한다. 지젝은 우리가 "늘 위협에 시달리는 훨씬 더 취약한 삶을 사는 법을 배워야 할 것"이라고 주장한다. 그에게 판데믹의 진정한 의미는 우리가 삶을 대하는 태도, 다른 생명체들 가운데서 살아가는 존재로서 우리 실존을 대하는 태도 전부를 바꾸는 것이다. 인류보다 더욱 오래 지구상에 존재했고 언제나 인간의 일부였던 바이러스는 판데믹이라는 위협으로 변모해 이제 인류세에서 우리 삶의 한 조건이 됐다. 판데믹은 단지 인류세적 현상의 일부로 출현한 것이다. 바이러스에만 개별적으로 대응하는 식으로는, 문제를 근본적으로 해결할 수 없으며 우리가 변화시킨 환경을 되돌릴 수 없는 한 그 어떤 해결책도 일시적인 미봉책에 불과하다. 이러한 인식이야말로 어쩌면 인류세에 대해 과학 사학자 도나 해러웨이Donna Haraway가 표현한 것처럼 "곤란과 더불어 살아가기Staying with trouble"를 배워야 할 필요성을 일깨워 줄 것이다.

5

과학 기술의 명암 ;
〈설국열차〉와〈인터스텔라〉

"마침내 오늘, 2014년 7월 1일 오전 9시를 기해 전 세계 78개 국에서 CW-7의 동시 살포가 시작됐습니다. 숱한 논란과 환경 단체들의 반대 속에서도, 지난 7년여간 꾸준히 계속된 연구 개발로 완성된 이 CW-7의 입자들은, 이제 곧 대기권으로 급속하게 퍼지며 지구의 평균 기온을 하강시켜 줄 것입니다. 이로써 오랜 세월 인류를 위기 속으로 몰고 갔던 지구 온난화 문제가 마침내 그 드라마틱한 해결을 눈앞에 두고 있습니다! 바이바이 지구 온난화! 이제는, 완전히, 끝입니다!"

영화가 시작하자 흥분한 뉴스 리포터의 내레이션이 들린다. 그러나 이 희망과 기대에 찬 멘트 이후로 이어지는 장면은 눈보라가 전 세계를 뒤덮고 모든 것을 압도하는 파국이다. 2013년 개봉한 봉준호 감독의 SF 영화 〈설국열차〉는 전 인류가 멸망하고 소수의 생존자만이 끝없이 지구 위를 달리는 무한궤도의 열차에서 삶을 이어가는 암울한 근미래를 배경으로 펼쳐진다. 살아있는 것이라고는 풀 한 포기, 개미 한 마리 찾아볼 수 없이 눈이 멀어 버릴 듯 새하얀 설원만 끝없이 펼쳐진 열차 밖 세상과, 어두컴컴하고 답답한 기차 안 세상이 극단적인 대조를 이룬다.

인류의 생존이 극한까지 내몰린 세계를 배경으로 한 또한 편의 영화, 〈인터스텔라〉에서는 휘몰아치는 모래 폭풍이 삶을 위협한다. 병충해로 식용 작물들이 하나씩 사라져 가면서 인류는 자원 부족과 굶주림에 시달린다. 밥상을 차릴 때도 식탁에 접시를 엎어 놓아야 할 정도의 극심한 황사로 숨조차 쉬기 어렵다. 지구가 더는 생존 불가능한 곳이 됐다는 판단 아래, 과학자들은 새로운 삶의 터전이 될 다른 행성을 찾아 인류를 이주시킬 계획을 세운다.

〈설국열차〉와 〈인터스텔라〉의 디스토피아적 세계는 이미 어느 정도 우리의 현실이 됐다. 그리고 이 두 영화에서 벼랑 끝까지 온 인류가 선택한 위기의 해결책 또한 SF 영화에서나 나올 법한 황당무계한 이야기가 아니라 이미 실제로 연구 중에 있다. 〈설국열차〉의 화학 물질 살포처럼 과학 기술의 힘을 빌려 인위적으로 지구 환경을 조작하려는 시도가 '지구 공학geoengineering'이라는 이름으로 이뤄지고 있다. IPCC의 정의에 따르면 지구 공학은 "기후 변화의 영향을 완화하기 위해 기후 시스템을 의도적으로 바꾸는 것을 목표로 하는 방법과 기술"이다. 인류세의 위기가 진행되는 속도는 예상보다 빨라지는데 이에 대처하는 세계 각국의 공조는 삐걱거리면서, 지구 공학은 인류를 구할 희망적인 대안으로 점점 주목받고 있다. 그간 지구 공학의 위험성에 대해 우려하는 목소리들이 높았고, 논의 중인 지구 공학 기술들도 대부분 아직 실용화 단계까지 이르지 못했다. 2001년 IPCC 3차 평가 보고서에서는 지구 공학을 한 챕터의 일부만 할애하는 식으로 가볍게 다뤘다. 그러나 2011년 〈지구 공학에 관한 전문가 회의Expert meeting on geoengineering〉가 열렸고, 2014년 IPCC 5차 평가 보고서에서는 기후 변화의 영향을 완화하는 데 지구 공학이 맡을 수 있는 역할을 논의했다. IPCC 보고서에 지구 공학에 관한 내용이 본격적으로 추가된 것은 지구 공학이 이제 기후 변화 정책 논의의 변두리에서 주류로 이동했음을 보여 준다.

지구 냉각화 실험의 부작용

지구 공학을 둘러싸고 여전히 거센 찬반 논쟁이 진행 중이다. 옹호자들은 지구 평균 기온 상승을 2도 이내로 억제한다는 목표는 지구 공학 없이는 달성 불가능하다고 주장하고 있다. 그들은 교토 의정서와 같은 정치적 노력이 실제로 온실가스 감축을 이끌어 내지 못하고 있고, 효과에 비해 너무 큰 비용이 드는 현실을 근거로 내세운다. 사실 해마다 세계 곳곳이 산불이니 해일이니 홍수니 점점 강도를 더해 가는 기후 재앙으로 난리인데도 국제적 합의는 세계 각국이 자국의 이익을 앞세워 주판알을 튕기느라 지지부진한 상황을 보면, 과학 기술의 힘을 동원해 확실한 돌파구를 찾는 편이 현명할 듯하다. 또 인간이 지금까지 이뤄 온 문명과 기술의 발전을 생각하면, 인류 앞에 놓인 또 하나의 과제인 기후 변화도 인간의 힘으로 해결

못할 이유가 뭐겠는가 싶은 낙관적인 기대도 생긴다.

현재 연구 중인 대표적인 지구 공학 기술에는 크게 태양 복사 관리 기술Solar Radiation Management techniques · SRM techniques과 이산화 탄소 제거 기술이 있다. 〈설국열차〉의 CW-7이 바로 이 태양 복사 관리 기술에 속한다. 파울 크뤼천은 성층권 에어로졸 분사 실험Stratospheric Aerosol Injection · SAI을 제안했는데, 황산염 먼지와 같은 에어로졸[34] 입자를 대기 중에 분사하여 태양열 흡수율을 떨어뜨림으로써 지구 온도를 낮추는 것이다. 이 기술은 1991년 필리핀 피나투보 화산이 폭발하면서 약 2000만 톤의 황산염 에어로졸이 성층권에 유입돼 1~3년간 지구 평균 기온을 0.5도나 낮춘 사건에서 착안했다. 이러한 원리를 이용해 인위적으로 햇빛을 차단하는 효과를 만들어 낼 수 있다면, '지구 온난화'에 대응할 '지구 냉각화'도 가능하지 않겠느냐는 꽤 그럴듯한 아이디어다. 하버드 대학에서 지구 공학 기술이 안전하게 화산 분출의 대기 냉각 효과를 낼 수 있는지 결정하고자 실험을 진행하고 있으며, 워싱턴 대학은 구름에 소금물 에어로졸을 뿌려서 구름 밝기를 높여 더 많은 열을 우주로 반사하게 하는 실험을 하고 있다. 2010년 미국 의회 과학우주기술위원회 의장은 지구 공학 연구를 활성화할 것을 권고했으며, 이에 호응하듯 빌 게이츠는 수백만 달러를 지구 공학 연구 사업에 투자했다. 그가 투자한 회사 중 하나인 인텔

렉추얼 벤처스Intellectual Ventures는 최소한 두 개 이상의 지구 공학 도구를 개발 중인데, 그중 하나인 성층권 방패Strato shield는 헬륨 풍선을 이용해 30킬로미터 길이의 호스를 하늘에 띄우고 황산염 입자를 분사해 태양 광선을 차단한다.

두 번째 기술인 이산화 탄소 제거 기술은 화석 연료를 연소시킬 때 대기 중에 배출되는 이산화 탄소를 포집하여 액체로 압축한 다음, 바다 밑바닥이나 땅속에 저장하는 것이다. 이를 탄소 포집 저장 기술Carbon Capture and Storage · CCS이라 한다. 이산화 탄소가 대기로 유입되기 전에 포집하여 분리하는 기술은 지금도 유전과 천연가스 매장지에서 사용되고 있지만, 아직은 소규모로만 이용되고 있다. 따라서 대규모 석탄 화력 발전 시설에 적용할 수 있는 기술을 개발 중이다. 그 밖에도 해양에 철분을 투입해 식물성 플랑크톤의 번식을 촉진해 탄소를 대량으로 빨아들이게 한다던가, 메탄을 소비하는 박테리아를 이용하는 기술 등이 연구 중이다.

기왕 기술의 힘을 빌려 보기로 한 김에, 이미 상태가 많이 나빠진 듯한 지구를 고치느라 애를 먹으니 〈인터스텔라〉에서처럼 더 살기 좋은 별을 찾아 아예 지구를 떠나는 건 어떨까? 〈인터스텔라〉 이전에도 이러한 상상을 한 사람들이 있었다. 1929년 물리학자 J.D. 버널J.D. Bernal은 인류의 미래는 지구의 한계를 초월할 것이고, 인류는 적절한 사이버네틱 강화로 우주를 식민화할 것이라고 예측했다. 그는 직경 10마일의 구球에 인간이 거주할 수 있고 지속 가능한 인공적 환경을 만들자고 제안했다. 이런 우주 식민지의 꿈은 공상에서 끝나지 않는다. 미 방위고등연구계획국US Defense Advanced Research Projects Agency과 NASA 에임스 연구 센터Ames Research Center · ARC는 해마다 100년 우주선 심포지엄100 Year Starship Symposium을 개최하여 이 꿈을 현실적으로 실현할 과학적 방법들을 논의하고 있다. 이 심포지엄에는 다음 세기 성간 비행과 식민화를 목표로 과학 소설 작가들, 유명 우주 비행사, 발명가들이 모였다. 이 자리에서 발표된 논문들은 광속에 가깝게 날 수 있는 우주선 개발, 열역학적 법칙을 위반하는 열 추진 시스템, 완벽하게 지속 가능한 인공적 생물권을 구성하는 문제 등을 주로 다뤘다. 전기차 업체인 테슬라 모터스Tesla Motors 최고 경영자 일론 머스크 Elon Musk는 민간 우주 탐사 기업 스페이스 X를 설립하고 2050년까지 화성으로 100만 명 이상 이주시킬 계획을 추진하고 있다. 태양광을 이용해 자급자족하는 도시를 건설하겠다는 포부를 밝힌 그는 인류가 지구라는 하나의 행성에만 머문다면 멸종할 운명을 피할 수 없을 것이므로, 화성에 식민지를 건설함으로써 인류를 다행성 종족으로 진화시키겠다는 야심찬 포부를 밝혔다.

지구 공학은 여러 가지 면에서 분명 매력적인 대안이

다. 무엇보다도 경제적인 면에서 탄소세나 쓰레기 분리수거 등의 복잡한 정책들로 이산화 탄소 배출량을 줄이는 것보다 비용이 훨씬 적게 든다. 이산화 탄소 배출량 감축에 들어가는 비용의 10분의 1에서 100분의 1만으로도 지구 공학은 비슷한 효과를 낼 수 있다.[35] 기후학자 데이비드 키스David Keith는 지구 공학적 개입으로 전 세계 평균 기온을 1도 낮추는 데 들어갈 비용을 연간 7억 달러로 추정했다. 이 정도 액수는 온실가스 배출을 완전히 없애는 데 드는 비용에 비해 극히 낮으며, 한 국가, 한 기업, 심지어 억만장자 한 사람도 감당할 수 있는 규모다.[36] 그래서 미 하원 과학기술상임위원회 회장인 러마 스미스Lamar Smith와 같은 지구 공학 옹호자는 실행할 수도 없으면서 비용만 높게 드는 정부 지시를 미 국민에게 강제하는 대신, 기술과 혁신이 기후 변화에 대처할 방법을 이끌어야 한다는 열렬한 옹호론을 펼친다.

여기까지 들으면 지구 공학이 전 지구적 기후 재앙에 대한 현실적인 해결책이라는 게 꽤 솔깃하게 들린다. 그러나 〈설국열차〉에서 CW-7을 살포한 이후의 전개를 떠올리지 않을 수 없다. 지구 공학이 가진 저렴한 비용이라는 현실적인 장점 이면에는 가볍게 넘길 수 없는 위험성들도 분명 존재한다. 인류는 아직 지구 전체라는 이렇게 엄청나게 크고 복잡한 시스템을 대상으로 기후를 조작하는 대규모 실험을 해본 적이 없다. 지구 공학적 시도가 미칠 효과를 예상해 보려면 사전 실험이 필요하겠지만 사실상 불가능하다. 그러니 주로 컴퓨터 시뮬레이션에 의존할 수밖에 없는데, 이것이 실제 현실과 얼마나 유사할지 알 수 없다. 컴퓨터 모델은 현실을 재현하는 데 많은 한계가 있다. 많은 가정에 의존해 큰 그림의 패턴만 잡아낼 뿐, 세부까지 포착하진 못한다. 성층권 에어로졸 분사 실험은 기후 패턴에 어떤 영향을 주게 될지 불확실하다. 특히 생태와 농경 시스템에 예상치 못한 영향을 줄 수 있다. 성층권에 에어로졸을 뿌리면 남미, 아시아, 아프리카에 가뭄이 올 수도 있고, 그 결과로 수억 명이 기아를 겪게 될 수도 있다. 또 이 기술은 해양 산성화에는 전혀 효과를 보지 못하며, 오존층에 뚫린 구멍이나 산성비, 대기 오염 문제는 오히려 악화시킬 수도 있다. 탄소 포집 저장 기술의 경우, 아직 대규모로 적용하기도 어려울뿐더러, 땅속에 모은 탄소를 어떻게 처리할지에 대한 더 큰 문제가 남아 있다. 자칫 핵폐기물처럼 지하 탄소 저장고가 잠재적인 위험 요소가 될 수도 있다.

이처럼 지구 공학 기술을 통한 기후 개입이 가져올 부수적 효과들을 모두 정확하게 예측하는 것이 불가능하기 때문에, 이 기술의 적용으로 어떤 외부 효과가 발생하게 될지도 알 수 없다. 경제학자 윌리엄 노드하우스William Nodhouse는 기후 변화 문제에서 외부 효과를 '이산화탄소 배출을 유발한 사람이 그로 인한 특권에 대한 비용을 지불하지 않고, 해를 입은 사람에 대한 보상이 이루어지지 않는 상황'으로 정의한다. 현재도 기후 변화의 파괴적 영향은 방글라데시처럼 경제적으로 취약한 국가들이 더 크게 받고 있는데, 일부 국가들이 자국의 이익을 위해 적극적인 기후 개입에 나설 경우, 이러한 문제는 더 심각해질 수도 있다. 의도하지 않은, 예상치 못한 부작용으로 발생할 외부효과까지 고려한다면, 당장 들어가는 비용이 적다고해서 과연 지구 공학이 경제적이라고 말할 수 있을지 의문스럽다. 이처럼 현실적이고 기술적인 문제점들뿐 아니라, 지구 공학은 인류세의 위기를 우리가 어떤 자세로 대해야 할 것인가의 관점에서도 더 생각해 봐야 할 부분이 많다.

지구라는 시스템, 열차 혹은 가이아

〈설국열차〉에서 꼬리 칸의 반란 지도자 커티스는 피 튀기는 싸움 끝에 수많은 열차 칸들을 지나 드디어 엔진의 지배자 윌포드를 만난다. 그를 마주한 윌포드는 이렇게 말한다. "엔진은 성스럽고, 기차는 영원해." 1년에 한 번, 지구를 한 바퀴 도는 기차는 태양 주위를 도는 지구의 축소판이다. 기차 내부는 윌포드의 말처럼 균형을 맞추어 돌아가도록 정교하게 조정된 '닫힌 생태계'다. 스시는 1년에 딱 두 번만 먹을 수 있다. 꼬리 칸 승객들의 숫자는 의도적으로 부추긴 반란과 학살을 통해

일정 비율로 조절된다. 윌포드의 말에서 기차 안의 견고한 계급 체제를 전복하려는 혁명의 시도조차 균형을 유지하려는 기차의 시스템 안으로 흡수된다는 것이 드러난다. 이 끝없이 달리는 열차를 기획하고, 제작하고, 유지하는 윌포드는 기차라는 시스템을 가장 효율적으로 통제하고 관리하는 엔지니어의 역할을 수행한다. 그런 면에서 설국열차의 세계는 공학자가 지배하는 세계이다. 지구를 하나의 닫힌 계이자 변수와 구성 요소들이 한정돼 있어서 그 움직임을 정확히 계산하여 예측할 수 있는 시스템으로 본다면, 이를 관리하고 문제가 생길 경우 수리할 수 있는 공학자의 역할이 무엇보다도 중요할 것이다. 태양 지구공학solar-geoengineering을 지구 온난화의 대안으로 내놓은 크뤼천의 생각도 인류세의 위기에 공학자와 과학자들이 선도적인 역할을 할 수 있다는 믿음을 바탕에 두고 있다. 그는 인류세에 대규모 지구 공학적 프로젝트를 통해 환경을 지속 가능하게 관리할 수 있도록 사회를 이끌어야 할 두려운 임무가 과학자와 공학자들 앞에 놓여 있다고 말했다.

이성과 과학의 힘으로 세계의 비밀을 밝혀 환경을 개척하고 지배하는 인간의 이미지는 서구 사상의 뿌리 깊은 인간 중심주의적 세계관에서 나왔다. 성경에서 하느님은 세상을 만드신 후 아담에게 모든 동식물에 '이름 붙일 권리'를 부여했다. 이름 붙일 권리는 인간에게 만물을 자유로이 이용하고 관리할 수 있는 주인으로서의 자격이다. 생태 사상가 린 화이트Lynn White는 이러한 인간 중심주의적인 기독교 사상이 서구인들이 자행한 모든 환경 파괴의 근원에 있다고 날카롭게 비판했다. 인간 중심주의적 세계관은 17세기 과학 혁명을 거치면서 과학 기술이라는 강력한 도구로 더욱 힘을 얻었다. 뉴턴 이후 수많은 부속들이 한 치의 오차도 없이 정교하게 끼워 맞춰져 정해진 법칙에 따라 돌아가는 시계는 당대의 기계론적 세계관을 상징하는 핵심적 비유가 됐다. 이 세계를 만든 신은 시계공에 비유됐고, 인간도 합리적인 이성으로 이 정교한 시계를 움직이는 법칙과 원리를 파악한다면 이를 통제할 수 있게 될 것이라고 믿었다.

기계는 여러 부분으로 나눠질 수 있다는 점에서 환원주의적 세계관의 상징이기도 했다. 환원주의란 대상을 하나의 전체로 놓고 보기보다는, 그 중 어느 한 부분으로 축소해서 보는 관점이다. 지구 공학은 서구 근대 과학의 문제점으로 비판받아 온 이러한 관점을 답습한다. 지구 공학은 말 그대로 고장 난 지구를 고치는 기술을 연구한다. 자동차가 제 기능을 못한다면, 멀쩡하던 사람이 시름시름 앓는다면 어디가 문제인지 원인을 찾아내 그 부분을 고치면 된다. 브라이언 론더Bryan Launder는 지구 공학에 대해 의사가 환자를 수술로 고치듯 "병든 지구를 수술한다"는 표현을 쓴다. 아픈 부분을 치료하고 고친다는 생각은 당연하고 합리적으로 보일 수 있지만, 병이 눈이나 위장 등 신체의 어느 한 부분에 나타난다 해서 꼭 그 부분만의 문제가 아닌 경우도 많다. 신체 각 부분은 복잡하게 연결돼 있기 때문에, 하나의 원인이 전혀 엉뚱한 다른 부분에서 문제를 일으킬 수도 있다. 그렇기에 앞서 2장에서 설명했던 제임스 러브록의 가이아 이론은 지구를 고장나면 땜질하고 수선할 수 있는, 심지어 버리고 새것으로 갈아탈 수도 있는 우주선 정도로 보는 관점에 반대한다. 가이아는 기존의 환원적인 과학으로는 그 실체와 작동 원리를 밝혀내는 것이 불가능하다. 양과 음의 피드백이 무수히 공존하기 때문에 인과 관계의 전통적인 선형 논리가 통하지 않는 순환 논리circular logic 회로를 갖는다. 따라서 일종의 블랙박스처럼 그 안에서 부분들끼리의 어떤 상호 작용에 따라 결과가 산출되는지 파악할 수 없다. 가이아의 이러한 특징들을 고려하면, 지구를 생명 없는 자원 혹은 인간이 작동 원리를 파악하기만 하면 뜻대로 조작할 수 있고 문제가 생긴 부분만 따로 떼어 복구할 수 있는 일종의 기계로 보는 근대 과학의 관점은 인간의 능력을 과신한 오만에서 나온 환상에 불과하다. 지구는 각 부분이 복잡하게 상호 연결되어 부분의 합이 전체보다 큰 시스템이다. 즉 특정 지역의 기후를 조정하려는 시도가 다른 지역에서 어떤 결과로 나타날지는 예측 불가능하다. 〈설국열차〉에서 CW-7은 전혀 예측하지 못한 대재앙을 가져오고, 윌포드는 "기차는 영원하다" 말하면서도 계속해서 부품들이 멸종되고 유지가 어려워지는 상황을 인정할 수밖에 없다. 지구 시스템, 혹은 기차를 통제하려는 인간의 노력은 부질없다.

"우린 답을 찾을 것이다, 늘 그랬듯이"

인간의 어설픈 노력이 오히려 더 큰 재앙을 불러올 수 있다고 경고하는 〈설국열차〉의 이야기와는 달리, 인간의 능력에 대한 굳은 믿음으로 인류세를 전혀 다르게 보는 관점도 있다. 에코모더니스트Ecomodernist들은 인류세를 '인류의 세기'라는 긍정적 의미로 해석하고, 인류세의 위기도 인간이 결국 극복하고야 말 새로운 도전으로 받아들여야 한다고 주장한다. 인간이 세계의 주인이며, 위기를 초래한 것은 인간이지만 이를 해결할 책임과 능력 또한 인간에게 있다는 것이다. 얼 엘리스는 인간이 파괴력을 지닌 존재가 아니라 "생물권의 한결같고 영구적인 관리인"이었다는 견해를 옹호한다. 우리는 과학으로 위험을 통제할 수 있고, 무너져가는 세계와 멸종 위기에 처한 생물종을 구할 수 있다는 것이다. 에코모더니스트들은 인류세가 인간의 오만이 낳은 위험성에 대한 결정적 증거가 아니라 자연을 개조하고 제어하는 인류의 능력을 보여 주는 것이라고 말한다. 역사가 우리 인류의 적응성을 입증하며, 인류세는 우리가 극복해야 할 또 다른 도전 과제라는 것이다. 데이비드 키스는 행성의 환경을 형성할 수 있게 된 인류의 새로운 능력에 대해 기뻐하며 지구 공학 기술을 활용해 번성하는 문명을 건설할 수 있으리라고 기대한다. 에코모더니즘은 인간의 자발성과 창의성이 미래를 만든다는 휴머니즘의 전통에 입각해 있으며, 인간화된 지구는 불가피할 뿐 아니라 나아가 바람직하다고 본다. 지구 시스템의 위기로 도래한 인류세는 퇴보의 상징이 아니라 극복을 통해 더 높은 단계로 도약하게 해주는 전환이다.

〈인터스텔라〉는 영화 내내 지구 환경을 인간의 요구에 맞도록 개조하고 재형성해 나가는 인간의 끝없는 잠재력에 대한 굳은 믿음을 드러낸다. 인류 멸망이 눈앞까지 닥친 절망적인 상황이지만 주인공 쿠퍼는 "우리는 답을 찾을 것이다, 늘 그랬듯이"라는 신념을 버리지 않는다. 영화 속에서 반복되는 "어두운 밤을 쉬이 받아들이지 말라"는 토머스 딜런의 시구는 자연이 부과한 한계에 도전하는 인간의 불굴의 의지를 강조한다. 전직 우주 비행사이자 엔지니어인 쿠퍼는 달 착륙조차도 냉전 시대의 날조로 부정되고 과학자보다 농부를 더 필요로 하는 세상의 변화에 적응하기 힘들어한다. 우리는 농부가 아니라 탐험가, 개척자의 후손이며 과학과 이성의 힘이 세상을 진보시킬 수 있고 자신의 운명은 자신이 정한다고 믿는 지극히 미국인다운 사고방식의 소유자로서, 다른 사람들처럼 무력하게 소멸을 정해진 운명으로서 받아들일 수가 없다.

극심한 환경 파괴로 더는 사람이 살 수 없게 된 지구 대신 다른 행성을 찾아 인류의 새로운 집으로 개조한다는 발상에서 '테라포밍terraforming'이라는 개념이 나왔다. 마틴 J. 포그Martyn J. Fogg는 1995년《테라포밍: 행성 환경의 엔지니어링 Terraforming: Engineering Planetary Environments》에서 테라포밍을 행성의 전체적 특질에 영향을 줄 목적으로 하는 기술 적용으로 정의했다. 즉, 테라포밍은 생명을 부양하기 위해 행성 환경의 능력을 강화하는 프로세스로, 궁극적인 목적은 지구의 생물권의 모든 기능을 모방하는 환경을 만들어 내는 것이다. 포그는 생태학적 지구 공학 기술이 언젠가 다른 행성에 생명을 이식하는 데 이용돼 환경 파괴의 대안을 제공할 수 있다고 생각했다. 화성에 식민지를 건설하겠다는 머스크의 계획도 테라포밍이라고 할 수 있다.

〈인터스텔라〉에서 테라포밍을 이용한 우주 식민지 건설의 꿈은 무대를 서부의 황야에서 우주로 옮겼을 뿐, 미국 역사에서 미국적 정체성의 핵심으로 평가돼 온 개척자 정신을 잇고 있다. 종교의 자유와 새로운 삶을 펼칠 기회를 찾아 대서양을 건너 신대륙을 찾아온 청교도 선조들의 역사 이래로, 끝없이 펼쳐진 황야를 정복해 문명을 건설하고 부를 일군다는 프런티어frontier의 이상은 미국 문화를 관통하는 중요한 정신적 요소가 됐다. 미국적 정체성의 근원을 프런티어에서 찾으려는 '프런티어 사관'은 모험을 두려워하지 않고 자신의 능력에 대한 믿음과 확신으로 새로운 삶을 개척하려는 적극성과 독립성, 민주주의적 정신을 미국적 정체성의 본질로 찬양하게 됐다.

주인공 쿠퍼는 통제와 구속을 싫어하는 개척자 미국인의 전형이다. 황폐해진 지구를 버리고 새로운 개척지를 찾아 모험을 떠나는 것이 그로서는 자연스러운 일이다. 그의 노력은 헛되지 않아서, 그가 블랙홀에서 얻어 딸에게 전송해 준 정보로 중력 방정식을 풀어낸 덕분에 인류는 절멸의 위기에서 벗어나 거대한 우주 정거장을 새로운 삶의 터전으로 삼게 된다. 프런티어 역사의 팽창주의적 정신은 문화적으로는 한때 번성했던 서부 영화에서 1960~1970년대 우주 개발과 달 탐사의 분위기를 타고 SF 영화로 이어졌다. SF 영화 속 우주는 서부를 대체할 새로운 프런티어 즉, 모험과 개척의 공간이었던 것이다. 일론 머스크가 우주선을 쏘아올리고 화성을 개척하겠다고 나서는 데에도 나름의 역사적 배경이 있다.

그러나 '프런티어 사관'의 팽창주의는 끝없이 자원을 추출하고 소비해야만 유지될 수 있는 미국식 소비 자본주의와 유사한 면이 있다. 마르크스주의 역사가 루이스 해커Louis Hacker는 개척 정신이니 혁신이니 하는 근사한 명분 때문에, 농작에 무지했던 서부 개척자들이 되는대로 농사를 짓다가 토지 수명이 다하면 땅을 버리고 새로운 곳으로 이주하는 행태를 반복했을 뿐이라고 말한다. 이 말을 들으면 지구의 자원을 뽑아 쓸 수 있는 데까지 함부로 뽑아 쓰다가 결국 어떤 농작물도 자랄 수 없게 되자 새로운 별을 찾아 나서는 〈인터스텔라〉의 상황과 겹친다.

기나긴 시간 동안 광막한 우주에서 인류의 단 하나의 집이었던 지구를 버리는 일이 그렇게 다 쓴 빈 깡통을 쓰레기통에 던져 넣는 일처럼 간단할까? 일단 망가진 지구를 되살리는 일보다 우주 식민지 건설이 더 간단하다는 주장은 수긍하기 어렵다. 포그는 인간, 정치, 인프라가 걸 제동 때문에 지구를 고치는 것보다 사람이 살지 않는 행성을 개척하는 쪽이 더 쉽다고 주장한다. 과연 그럴까? 이곳에서의 정치적, 사회적 갈등을 다루면서 문제를 해결하기가 너무 복잡하다는 이유로 새로운 텅 빈 땅으로 옮겨간다면, 새로운 세계에선 지구상 존재했던 복잡한 갈등들이 말끔히 사라질까? 서부 개척 시대에 인구가 늘고 자원이 부족해지면서 사회적 갈등이 증폭할 때, 아직 남아 있는 빈 토지를 개척하면 된다는 생각은 그러한 갈등과 불만이 쌓이지 않고 해소될 수 있는 배출구의 역할을 해

줬다. 그러나 아메리카 대륙이 아무리 넓다 해도 무한히 넓지는 않다. 서부 개척 시대는 1890년대 공식적으로 막을 내렸다. 낭비가 깃든 생활 습관을 바꾸지 않는 한, 인간은 새로운 별에 가더라도 언젠가는 그 별 또한 지구처럼 더는 생명체가 살 수 없는 죽은 땅으로 바꿔 놓을 것이다. 인류는 주기적으로 새로운 행성을 찾아 옮겨 다녀야 할지도 모른다. 그런 삶은 지속 가능하지 못하다. 우주에 원형 위성을 띄워 생태계를 건설하는 페르세포네 프로젝트에 참여한 사회학자 스티브 풀러 Steve Fuller는 "지구가 기후 변화나 핵전쟁, 생물전으로 인해 인간에게 쓸모없는 지대가 될 경우를 대비해, 인간 문명을 보존해야 한다"고 주장한다. 그러나 사회학자 클라이브 해밀턴Clive Hamilton은 이렇게 반문한다. "왜 우리가 인간 문명을 보존해야 한단 말인가? 문명을 태동시킨 자연 조건을 지켜내지 못한다면, 그 문명의 가치는 과연 무엇인가?"

해밀턴의 질문에 〈설국열차〉와 〈인터스텔라〉는 각각 다른 식으로 답한다. 〈설국열차〉에서 윌포드는 기차의 지배자인 것처럼 보이지만, 실은 그 역시 기차에 종속된 시스템의 일부다. 멸종돼 가는 부품 대신 아이들을 투입하면서 기차를 유지·관리해 왔다. 사람은 늙고 죽지만 기차는 영원해야 한다. 그래서 그는 젊은 피 커티스에게 자신의 자리를 넘겨받아 달라고 부탁한다. 아이들을 갈아 넣더라도, 지배자가 바뀌더라도, 기차는 계속 달려야 한다. 윌포드의 가장 큰 목표는 이 기차로 대표되는 체제를 그대로 유지하는 것이다. 15년 전 반란을 일으켰다가 실패하고 기차 밖으로 도망쳤지만 몇 걸음 가지도 못하고 얼어 죽은 '7인의 반란' 주도자들의 시신은 체제에서 이탈하려는 시도가 어떤 결과를 맞이할지 보여 주는 예다. 기차 밖의 세상은 아예 존재하지 않고 기차의 문은 오래전에 이미 출입구가 아닌 벽이 되었다고 한다면, 기차의 맨 앞칸까지 도달한 커티스에게 다른 선택지는 없어 보인다. 그러나 기차 바닥에서 발견한 아이들의 모습은 윌포드의 설득에 거의 넘어간 커티스에게 질문을 던진다. '하지만 왜? 그렇게 해서까지 기차라는 시스템을 계속 유지해야만 할 이유가 있는가?' 해밀턴의 질문처럼, 지속 가능성과 점점 멀어져 가는 문명을, 지켜야 할 가치가 있는 것일까?

〈인터스텔라〉는 눈앞에 닥친 인류의 종말을 받아들여야만 하는 상황에 분노하고 탄식할 뿐, 병충해와 대기 오염, 황사와 같은 재앙이 어디에서 비롯했는지는 묻지 않는다. 자연의 힘은 끝없이 확장하고 정복하려는 인간의 의지를 방해하는 장애물이며 극복해야 할 대상일 뿐이다. 숨을 쉴 수 없게 온 세상을 뒤덮는 지독한 황사는 1930년대 미국의 더스트 볼 Dust bowl을 연상시킨다. 더스트 볼은 1930년대 초반 거대한 모래 폭풍이 미 중서부를 강타해 20만 명이 타지로 이주해야만

했던 큰 환경 재앙이자, 존 스타인벡John Ernst Steinbeck, Jr.의 소설 《분노의 포도》의 배경이다. 〈인터스텔라〉에서도 영화 앞부분에 등장하는 여러 노인의 인터뷰 중에 더스트 볼을 짧게 언급한 부분이 있어서, 영화 속의 모래 폭풍의 묘사가 과거의 역사로부터 영감을 얻었음을 보여준다. 더스트 볼의 원인은 1933년부터 4년간 계속된 가뭄 탓도 있지만, 1929년 대공황 이후 식량 증산을 위해 무리하게 경작량을 늘림으로써 농토가 황폐화한 것이 크다. 지력을 보존하지 않고 마구잡이로 경작을 하는 과정에서 급속한 사막화가 진행된 것이다. 이는 자연적 요인과 인간적 요인이 결합된 인류세적 환경 재난의 특징을 드러낸다. 이후 농사법의 개량과 복구 사업으로 1940년대에는 어느 정도 예전의 모습을 되찾았으나, 스타인벡의 소설에서 잘 묘사됐듯이 정든 고향 집과 농토를 버리고 새 삶을 찾아 캘리포니아로 떠난 오클라호마 농민들은 삶이 무너지는 고통을 겪어야 했다. 가난하지만 평화로웠던 그들의 삶을 파국으로 몰아 넣은 것은 단지 모래 폭풍이라는 자연의 힘만이 아니었다. 오랜 가뭄으로 수확량이 감소하면서 농민들은 은행 대출로 버틸 수밖에 없었고, 눈덩이처럼 불어나는 빚을 감당할 수 없게 되자 결국 가진 것 모두를 은행에 빼앗기고 고향을 떠난다. 새로운 삶을 꿈꾸며 찾아간 캘리포니아도 이들이 그리던 젖과 꿀이 흐르는 가나안 땅은 아니었다. 그들은

〈설국열차〉의 꼬리 칸 사람들처럼 자본주의 체제의 가장 밑바닥에서 착취당하다가 버려지는 잉여 인간일 뿐이었다.

기술 발전이 그린 다른 미래

인류세의 위기를 초래한 원인은 기술 부족이 아니다. 오히려 과도한 기술의 발전이 이 위기를 촉발했다. 따라서 기술 발명과 발전이 문제의 해결책이 되기도 어렵다. 환경 사회학자 다이애나 스튜어트Diana Stuart는 지구 공학 기술은 현 사회 질서를 초월할 잠재성을 담보하지 않으며, 기존 사회 질서를 유지할 뿐이라고 말한다.[37] 지구 공학은 외려 기술이 문제를 해결할 수 있을 테니 고통스럽게 기존의 체제와 질서를 바꿀 노력을 할 필요가 없다는 환상을 심어줄 수 있다. 그러나 기차의 부품은 점점 멸종되어 가고 기차는 윌포드의 표현을 빌면 점점 더 "예민해질" 것이다. 〈인터스텔라〉에서 제 3의 별을 찾아 떠난 인류에게 그곳도 영원한 집이 되지는 못할 것이다. 지구 공학의 가장 큰 위험성은 기술적 결함보다도, 어쩌면 우리가 지금까지 살아온 방식대로 욕망하던 것을 욕망하며 이 기차 안에서 영원히 살아갈 수 있다고 착각하게 만드는 것일지도 모른다.

다시 말해 지구 공학이 기후 변화 문제에 대한 도덕적 해이를 부를 수 있다는 것이다. 기후 변화를 막기 위해 탄소 배출을 줄여야 한다는 데는 이제 거의 모든 사람들이 동의하지만, 탄소 배출을 줄이기 위한 노력은 비용도 더 들뿐더러 상당한 노력이 든다. 그런데 지구 기온을 확 낮출 수 있고, 이미 대기 중에 배출된 탄소까지 제거할 수 있는 기술이 있다면 더 비싼 친환경 제품을 사느라 지갑을 열고 분리수거를 하느라 고생하지 않아도 될 것이다. 이렇게 되면 기후 변화를 막으려는 노력을 애써 하지 않고, 그게 내 일이라고 생각지도 않는 도덕적 해이가 찾아온다. 굳이 내가 애쓰지 않아도 첨단 과학 기술이 어떻게든 해결해 줄 테니까 말이다. 지구 공학적 해결책은 불편한 사회적, 정치적 해결책을 회피할 수 있다고 유혹하지만, 지구 공학을 기후 변화의 해결책으로 내세우면 적응 전략에는 더 적은 자원을 투자하게 될 수 있다는 우려가 나온다.

지구 공학 기술에는 현재의 지배적인 정치·경제 체제를 보호하겠다는 암묵적 약속이 담겨 있다. 다이애나 스튜어트는 사회적 맥락에서 지구 공학 전략은 현재의 화석 연료가 이끄는 자본주의 질서를 보호하고 재생산하는 기후 변화 전략으로 보일 수 있다고 말한다. 실제로 CCS(Carbon Capture and Storage·탄소 포집 및 저장) 기술은 화석 연료, 특히 석유 회사들의 지원을 받고 있다. 세계적인 석유 회사 셰브론Chevron Corporation이 2005년 이산화 탄소 포집과 저장에 관한 IPCC 특

별 보고서 개발에 참여했으며, 조지 부시 행정부는 2009년 강제적인 배출 감축 등 정부 규제에 대한 대안으로 CCS를 포용했다. 이처럼 지구 공학은 화석 연료 추출과 소비를 지속하면서도 기후 변화에 대처할 접근법을 제시한다. 회사들에 남은 화석 연료 자원을 뽑아내고 여기서 이익을 최대화할 시간을 벌어 주고, 배출 감축 접근법을 연기하게 만든다.[38] 부시 이외에도 트럼프 전 미국 대통령을 비롯한 기후 변화 부인론자와, 정부 규제에 반대하는 자유 시장 및 자본주의 지지자들이 지구 공학을 옹호하는 것은 우연이 아니다. 스튜어트는 지구 공학을 두고 "기후 변화를 완화하기 위해 대규모 변화가 일어나야만 하지만, 구조적으로 그렇게 하기에 필요한 사회 구조적 변화를 만들어 낼 수 없다는 것을 너무 잘 알고 있는 사회의 산물"이라고 비판한다. 냉전 시대에 핵전쟁을 막으려는 기술적 노력이 근본 원인과 해결책에 대한 공적 조사를 가렸듯이, 지구 공학 기술은 환경 파국의 진짜 원인을 가린다는 것이다.[39]

무한한 우주를 끝없이 정복하고 인간의 영역을 확장하여 영원히 번성을 누리는 〈인터스텔라〉 식의 미래가 환상에 불과하다면, 〈설국열차〉의 미래에서는 무엇을 기대할 수 있을까? 굳게 닫힌 열차의 문을 열고 싶은 전직 보안 책임자 남궁민수가 문을 폭파하여 기차가 전복하는 결말은 개봉 당시 많은 논쟁을 불러일으켰다. 다른 승객들은 모두 죽고 마지막으로 한국인 소녀 요나와 기차의 부품 노릇을 하던 흑인 소년 티미 단 둘이 살아남았다면 사실상 인류의 멸종이라는 암울한 결말로 보아야 하지 않느냐는 의견들도 많았다. 하지만 열차의 체제를 그대로 존속시켰다면 인류에게 다른 미래의 가능성이 있었을까? 열차 안의 닫힌 생태계가 지속하기 위해서는 약자들의 희생이 요구되며, 그나마도 지속 가능하지 않다는 것은 이미 확실했다. 조금이라도 다른 미래의 가능성을 보려면 남궁민수의 말대로 너무 오래 굳게 닫혀 있어서 모두가 벽이라고 믿어 버리게 된 문을 열고 나가야만 했다. 열차는 〈인터스텔라〉의 우주 정거장과 비슷하게 외부로부터 차단돼 독자적으로 유지되는 공간이며, 그 안에 머무는 한 그곳을 유지하는 데 요구되는 논리를 받아들이는 수밖에 없다. 열차 칸 사이의 문을 열고 앞으로 나아가려는 커티스 무리의 일직선적 움직임은 열차의 진행 방향을 따르며, 열차의 논리에 종속해 있다. 그들이 앞으로 나아가도 열차 자체는 늘 같은 궤도를 반복하듯, 그들은 사실상 전진하지 못한다. 그러나 남궁민수가 열차 문을 폭파하여 열차를 정해진 궤도에서 이탈시킴으로써 기술과 이성에 의한 역사의 진보라는 일직선적 시간관은 파열한다.

봉준호 감독은 인터뷰에서 영화의 결말을 둘러싼 온갖 논쟁들에 대해 다음과 같이 밝혔다. "나는 사실 100퍼센트 희망적인 엔딩을 생각하고 찍었다. 한 시스템이, 한 체제가 종말을 고했고 인류의 새로운 시작인 것이다." 너무 많은 폭력이 영화의 전반을 지배하는 것은 사실이다.

벽이 사실은 문이라는 사고의 전환과, 그 너머의 전혀 다른 세상에 대한 상상력 없이는 기존의 인간 중심적 세계관에서 벗어난 인류세의 새로운 세계를 상상할 수 없을 것이다. 남궁민수는 열차의 탈선 이후를 책임질 수 없다. 크로놀이 폭발한 순간 사태는 이미 그의 손을 떠나 통제불능의 상태로 넘어갔으며, 이후의 미래는 어린 두 생존자에게 맡길 수밖에 없다. 이러한 무력함 탓에 영화의 결말이 기존 체제를 파괴했을 뿐 새로운 정치적 대안을 제공하지 못했다는 비판을 받을 수도 있다. 하지만 한편으로는 〈인터스텔라〉의 안정된 우주 정거장이 제공하는 미래 대신, 이런 불확실한 미래의 전망이 역설적으로 〈설국열차〉가 제시하는 희망의 비전일 수 있다. 인간들이 열차 안에 갇혀 과거의 역사를 반복하는 동안, 열차 밖의 세계는 인간과 상관없이 생태계의 균형을 회복했다. 이제 더는 인간이 주인이 아닌 그 세계에서, 요나와 티미는 이미 적응에 성공한 북극곰과 더불어 생존하는 법을 배워야 한다.

벽이 사실은 문이라는 사고의 전환과, 그 너머의 전혀 다른 세상에 대한 상상력 없이는 기존의 인간 중심적 세계관에서 벗어난 인류세의 새로운 세계를 상상할 수 없을 것이다.

아미타브 고시는 《대혼란의 시대The Great Derangement》에서 기후 변화로 인한 해수면 상승에 의해 고향인 콜카타가 큰 위험에 처하게 되리라는 사실을 알고, 고향에 사는 어머니께 이사를 하도록 권한 경험을 이야기한다. 열심히 설득했으나 어머니는 전혀 넘어가지 않았다. 세계은행의 보고서에 언급된 위험 때문에 정든 집을 떠나야 한다니, 어머니에겐 미친 소리처럼 들렸던 것이다. 고시는 그 경험으로 삶은 논리가 이끌어가지 않으며, 습관적인 행동이라는 관성의 지배를 받는다는 것을 깨닫는다. 그래서 그는 이렇게 말한다. "변화를 만들어 내는 일이 각 개체에게 맡겨진다면 우리 가운데 지구 온난화에 제대로 적응할 수 있는 이는 거의 없을 것이다. 정확히 말하자면, 거의 미친 것처럼 보이는 강박적이고 편집적인 사람들만이 스스로 뿌리째 변화하고 올바르게 준비할 수 있다."[40] 수십 년간 크로놀(설국열차에 등장하는 미래의 마약)을 모으고 감옥칸에 갇혀 살면서도 문을 폭파하고 밖으로 나갈 날만을 기다렸던 남궁민수라면 고시가 말하는 조건에 부합할지도 모르겠다.

지구 공학이라는 기술이 우리를 구원해 줄 것이라는 맹목적 믿음은 기술이 도구에 불과하다는 사실을 망각하는 것이지만, 제한적으로, 적절히 사용된다면 인류세의 위기를 완화하는 데 도움이 될 수 있다. 그렇지만 결코 근본적인 해결책은 아니며, 시간을 벌어 주거나 일종의 보험 역할을 하는 정도일 것이다. 정말로 경계해야 할 것은 기차 밖으로 나가면 얼어 죽는다는 이야기에 익숙해지는 것이다. 지구 공학적 기술만이 우리의 구원이며, 화석 연료 없이는 우리 삶을 지탱할 방법이 없다고, 저 문은 문이 아니라 벽이라고 믿어 버리게 되는 것이다. 기술 공학은 개척자이자 발명가로서 인간의 역할, 인간이 주인공이 되어 만드는 역사에 대해서만 이야기한다. 그러나 인류세의 이야기에서, 인간은 더 이상 유일한 주인공이 아니다. 테라포밍은 인간만이 할 수 있는 기술이 아니다. 태곳적부터 지렁이들은 분변토로 흙을 기름지게 바꿔 인간이 살아갈 수 있는 지구를 만들어 내는 데 일조했다. 이런 생물체들의 존재를 잊어버리고 새로운 행성에서 인간의 세계를 다시 시작할 수 있다고 믿는다면, 현재 우리가 살고 있는 세계를 공동으로 만들어 내고 지구의 이야기를 공동으로 써내려 온 다른 존재들을 무시하는 것이다. 그렇게 건설된 새로운 사회는 온전하지도, 풍요롭지도 않을 것이다. 도나 해러웨이는 "이야기는 세계에 대해 이야기하지만, 그렇게 함으로써 또한 세계를 만들기도 한다"며 이야기의 중요성을 강조했다. 어떤 이야기가 세계를 만드는가, 어떤 세계가 이야기를 만드는가에 우리는 주목해야 한다.[41] 이것은 어쩌면 지금 이 순간, 새로운 지구 공학 기술을 개발하는 것보다 더 중요할지 모른다.

주

1 _ 역사학자 유발 하라리의 2015년 책 제목. 과학 기술의 발전으로 호모 사피엔스가 진화의 다음 단계로 옮겨가게 된다는 주장이 담겼다.

2 _ 지구가 이미 다섯 번의 대멸종을 겪었고, 이제 기후 변화와 환경 파괴로 여섯 번째 대멸종이 눈앞에 와 있다는 주장. 2015년 엘리자베스 콜버트가 퓰리처상 수상작인 《여섯 번째 대멸종》에서 주장했다.

3_ 1945년 7월 16일 뉴멕시코 앨러모고도에서 실행된 세계 최초의 핵 실험 프로젝트. 티엔티(TNT) 22킬로톤 규모에 맞먹는 플루토늄 핵무기를 폭발시키는 데 성공함으로써 원자력 시대의 개막을 알렸다.

4 _ 2003년 수단 정부의 다르푸르 지역 아랍화 정책에 대해 비아랍인들이 반기를 들고 정부군과 민병대를 상대로 투쟁한 유혈 사태. 2010년까지 20만 명 이상 희생됐고, 250만 명의 난민이 발생했다.

5 _ Kenneth Hare, 〈The Concept of Climate〉, 《Geography》, vol.51, 1966.4, pp.99-100.

6 _ 생태학에 기초한 일련의 사상으로, 자연적 환경과의 조화를 증진시키는 사회 운동이다. 즉, "자연으로 돌아가자"는 철학이다. 생태학적, 혹은 과학적 환경주의는 생존할 수 있는 물리적, 생물적 환경을 유지시켜야 할 중요성을 강조한다.

7 _ 조너선 사프란 포어(송은주 譯), 《우리가 날씨다(We Are the Weather: Saving the Planet Begins at Breakfast)》, 민음사, 2020.10.29, 79-80쪽.

8 _ 1953년 담배 속 타르가 인체에 유해하다는 연구 결과를 담은 논문이 발표되자, 미국 담배 회사들이 공동으로 담배산업연구위원회(Tobaccon Inderstry Research Committee)를 설립하고 지원하여 "흡연이 암을 유발한다는 직접적인 증거가 없다."는 주장을 퍼뜨렸다. 담배 회사들은 이렇게 과학적으로 합의된 사실에 대대적인 광고 의혹을 제기하는 식으로 진실을 호도하고 책임을 회피했다. 1998년 흡연 피해자들에게 2000억 달러를 배상한다는 소송 결과가 나옴으로써 40년간 이어진 담배 논쟁의 종지부를 찍었다.

9 _ Adam Sobel, 《Storm Surge: Hurricane Sandy, Our Changing Climate, and Extreme Weather of the past and Future》, HARPER WAVE, 2014.10.14, pp.91-105.

10 _ 지구가 대기, 해양, 토양과 생물권이 유기적으로 결합된 하나의 살아 있는 생명체라는 이론이다. 모든 생명체와 지구의 물리적 요소들이 상호작용하여 복잡하고 거대한 생물체와 같은 자기조절체계를 형성한다는 개념

11 _ Lynn Margulis, 《Symbiotic Planet: A New Look at Evolution》, Basic Books, 1999.10.8, pp.31.

12 _ 변수들을 조절해 내부 환경을 안정적이고 상대적으로 일정하게 유지하려는 계의 특성을 말한다. 그리스어 μοιο ('유사한'이라는 뜻)와 στ σι ('동일하게 유지하다, 버티다'라는 뜻)에서 유래하였다.

13 _ James Lovelock, 《Gaia: A New Look at Life on Earth》, Oxford Landmark Science, 2016.6.20, pp.227.

14 _ 안드리 스나이어 마그나손(노승영 譯), 《시간과 물에 대하여(Um t mann og vatni ᴓ)》, 북하우스, 2020.12.7, 28쪽.

15 _ Gore, Timothy, 〈EXTREME CARBON INEQUALITY: Why the Paris climate deal must put the poorest, lowest emitting and most vulnerable people first〉, Oxfam International, 2015.12.2.

16 _ Will Steffen, Paul J. Crutzen, and John R. McNeill, 〈The Anthropocene: Are Humans Now Overwhelming the Great Forces of Nature〉, 《AMBIO: A Journal of the Human Environment 》, 36(8), 2007.12.1, pp.616-618.

17 _ 석탄을 용기에 넣고 밀폐해서 1000도씨 내외로 가열하면, 수분이나 휘발분이 가스가 되어 방출되고 남은 것이 코크스로, 탄소와 회분이 대부분을 차지한다.

18 _ 라즈 파텔, 제이슨 무어(백우진, 이경숙 譯), 《저렴한 것들의 세계사》, 북돋움, 2020, 226-227쪽.

19 _ 리처드 하인버그(송광섭, 송기원 譯), 《미래에서 온 편지(Peak Everything: Waking Up to the Century of Declines)》, 부키, 2010, 67쪽.

20 _ 티모시 미첼(에너지기후정책연구소 譯), 《탄소 민주주의》, 생각비행, 2017, 32쪽.

21 _ 인간 활동에 의한 온실가스 배출을 최대한 줄이고, 남은 온실가스는 흡수, 제거해서 실질적인 배출량이 0(Zero)이 되는 개념이다. 즉, 배출되는 탄소와 흡수되는 탄소량을 같게 해 탄소 순배출이 0이 되게 하는 것으로, 이에 탄소 중립을 '넷-제로'라 부른다.

22 _ 이를 위해 공기 중 이산화 탄소를 포집해 땅속에 매장하는 기술 등이 연구되고 있으나 아직 실용화 단계에는 이르지 못했다. 이를 비롯한 지구 공학적 시도에 관해서는 5장에서 상세히 다루겠다.

23 _ Carolyn Merchant, 《The Death of Nature》, HarperSanFrancisco, 1990.

24 _ Energy Humanities, Imre Szeman and Ominic Boyer, Johns Hopkins Univ. Pr, 2017, pp.2.

25 _ Dipesh Chakrabarty, 〈The Climate of History: Four Theses〉, 《Critical Inquiriy》 Vol.35, 2013.9.29, pp.208

26 _ LeMenager, Stephanie, 《Living Oil: Petroleum Culture in the American Century》, Oxford Univ Pr, 2014, pp.102-103

27 _ 2019년 한 해에만 중국이 배출한 이산화탄소 등가물(모든 온실가스를 이산화탄소로 환산한 것)은 141억 미터톤에 달한다. 이는 전 세계 배출량의 4분의 1이 넘는 양이다. 반면, 미국은 지구 전체 배출량의 11퍼센트에 해당하는 57억 미터톤을 배출한 것으로 집계됐다. 인도와 유럽 연합(EU)이 각각 지구 전체 배출량의 6.6퍼센트, 6.4퍼센트로 뒤를 이었다.

28 _ 영국의 기후 에너지 정책 기관인 카본브리프(Carbon Brief)에 따르면 1850년 이래 중국과 미국이 방출한 이산화탄소량은 각각 2840억 톤, 5090억 톤이다. 미국이 배출한 이산화 탄소량이 중국의 두 배 가까이에 이르는 셈이다.

29 _ 미국은 2차 세계 대전 이후 석유에 대한 통제권을 차지하기 위해 각종 분쟁에 개입해 왔으며, 특히 트럼프 대통령은 셰일가스 채굴로 미국 내 에너지 생산을 확대하여 외국산 석유 의존을 줄이는 '에너지 독립'을 선언했다.

30 _ 나오미 클라인(이순희 譯), 《이것이 모든 것을 바꾼다: 자본주의 대 기후(This Changes Everything: Capitalism vs. the Climate)》, 열린책들, 2016.

31 _ 〈빌 게이츠, 기후재앙을 피하는 법〉 빌 게이츠 저, 김민주, 이욱 역. 김영사. 2021.

32 _ Andreas Malm, 《Corona, Climate, Chronic Emergency》, Verso Books, 2020.

33 _ Bruno Latour, 〈Is This a Dress Rehearsal?〉, 《Critical Inquiry》 47(52), 2020.3.

34 _ 에어로졸은(Aerosol)은 Aero-Solution의 줄임말로, 지구 대기를 떠도는 미세한 고체 입자 혹은 액체 방울을 의미한다. 크기가 0.001~100나노마이크로 정도로 아주 작아 육안을 보기 힘들다.

35 _ 윌리엄 노드하우스(황성원 譯), 《기후카지노: 지구온난화를 어떻게 해결할 것인가》, 한길사, 2017.1.6., 224쪽.

36 _ 얼 엘리스(김용진, 박범순 譯), 《인류세》, 교유서가, 2021.4.19., 251쪽.

37 _ Diana Stuart, Ryan Gunderson and Brian Petersen, 《Climate change solutions: beyond the capital-climate contradiction》, University of Michigan Press, 2020.1, pp.63.

38 _ Ibid., pp.57-58.

39 _ Ibid., pp.63.

40 _ 아미타브 고시(김홍옥 譯),《대혼란의 시대》, 에코리브르, 2021.4.20., 76쪽.

41 _ 도나 해러웨이(최유미 譯),《트러블과 함께하기》, 마농지, 2021.7.25.

북저널리즘 인사이드   인류세의 주인공은
인류가 아니다

46억 년 지구 역사에서 인류가 존재한 시간은 고작 0.004퍼센트 남짓이지만, 지금껏 이토록 강력한 종種은 없었다. 300만 년 전 이 행성에 처음 등장한 이래로 인간은 끊임없이 문명을 고도화했고, 그 흔적을 이 땅에 켜켜이 쌓았다. 전 지구적 차원의 환경 변화나 특정 생물종의 등장 및 멸종으로 분류하는 지질시대에 인류세, 즉 인류의 시대를 추가해야 한다는 주장이 나올 정도로 말이다. 지질학적 개념에 '인류'라는 특정 종명이 들어가 착각하기 쉽지만, 인류세는 인류의 위대한 번영과 업적을 기르기 위한 용어가 아니다. 그보다는 인간 흔적이 지구 위기를 초래했다는 일종의 경고에 가깝다.

인류세를 주장하는 과학자들은 공룡과 암모나이트가 중생대를 대표하듯, 인간이 만들어낸 플라스틱, 방사성 물질, 콘크리트 같은 인위적인 물질과 공장식 축산 방식으로 매년 500~600억 마리씩 도살되는 닭의 뼈가 훗날 현세의 대표 화석이 될 것이라고 예상한다. 이러한 땅 위의 변화 외에 전 세계가 직면한 기후 위기 역시 인류세를 상징한다. 산업 혁명 이후 화석 연료 사용과 더불어 온실가스 배출량이 기하급수적으로 늘었고, 100년이 채 안 되는 짧은 사이에 지구 시스템은 균형이 깨졌다. 오늘날 전 세계에서 일어나는 유례 없는 기후 재앙은 현상인 동시에 인류세의 증거인 셈이다.

그런데도 여전히 인류세는 낯설기만 하다. 머리로는 알

겠는데, 설마 내가 죽기 전에 지구가 망하기야 하겠냐싶다. 빠르게 녹아내리는 빙하, 도시를 통으로 집어삼킨 홍수, 수개월째 꺼지지 않는 초대형 산불, 해수면 상승으로 지도에서 사라질 위기의 섬나라들 모두 지금의 나와는 거리가 멀다. 그러나 우리 모두는 코로나19 판데믹을 보내며 전 세계 국가 그리고 인간과 인간이 아닌 생명체들까지 아주 복잡하게 얽혀 서로 영향을 끼친다는 사실을 확인했다. 인류가 이 땅 위의 유일한 주인공이 아님을 깨달았다.

　　지금 우리에겐 상상력이 필요하다. 과학자들이 발표하는 연구 결과 혹은 지구 온도 1.5도, 해수면 10센티미터 같은 수치 데이터가 와 닿지 않는 이유는 내가 처할 미래의 상황과 맥락이 통하지 않아서다. 이 책의 저자는 내러티브와 이야기가 "우리가 누구이고, 지구에서 우리의 역할이 무엇이며, 자연과 어떤 관계인가를 탐구하고 재설정하게 한다"고 말한다. 인류의 위기와 파국을 다룬 SF 소설, 디스토피아 영화가 현실을 이해하는 길잡이가 될 수 있다.

　　　　　　　　　　　　　　　　　　전찬우 에디터